LLYNNOEDD A CHERDDI ERAILL

LLYNNOEDD
A CHERDDI ERAILL

EIRWYN GEORGE

Gwasg
Gwynedd

Argraffiad Cyntaf — Awst 1996

© Eirwyn George 1996

ISBN 0 86074 129 X

Cyhoeddwyd ac argraffwyd
gan Wasg Gwynedd, Caernarfon.

I
Maureen
ac er cof am
'Nhad a Mam

Cynnwys

Rhagair

Ymddangosodd rhai o'r cerddi hyn yn *Barddas, Barn, Clebran, Y Faner,* a'r *Tyst* a diolchaf i'r golygyddion am adael iddynt weld golau dydd am y tro cyntaf.

Dyledwr wyf i Lys yr Eisteddfod Genedlaethol am ganiatâd i gynnwys 'Gwreichion', 'Y Rhod', 'Tribannau'r Byd Sydd Ohoni', 'Tir Na N-og' a 'Llynnoedd'.

Diolchaf hefyd i Eisteddfod Gŵyl Fawr Aberteifi am ganiatâd i gyhoeddi 'Emyn Ymbil' ac i Eisteddfod Rhys Thomas James Llanbedr Pont Steffan am ganiatâd i gynnwys 'Delweddau i Gofio Waldo'.

Cyhoeddwyd 'Pentre Ifan', 'Glaniad y Ffrancod', 'Ffred' a 'Ceidwaid y Bryniau' yn *O'r Moelwyn i'r Preselau* ac rwy'n ddyledus i Wasg Gomer, Llandysul, am ganiatâd i'w hailgyhoeddi yn y gyfrol hon.

Diolch yn bennaf i Wasg Gwynedd am ei glendid a'i gofal wrth ddwyn *Llynnoedd a Cherddi Eraill* i olau dydd; ac i Gerallt Lloyd Owen am ei gymorth a'i gyfarwyddyd.

Dylwn ddweud hefyd fy mod wedi caboli ac ail-greu ambell ddarn a ymddangosodd mewn cyhoeddiadau eraill. Ond y mae'r thema a'r neges sylfaenol yn aros yr un fath.

EIRWYN GEORGE

Llynnoedd

Dynesaf at y dyfroedd ar forfa'r trai,
ynysoedd o ddŵr llonydd rhwng yr hesg a'r llaca;
y llynnoedd o gig a gwaed
a chroen yn hongian o'r cymalau cnotiog
wrth ffenestri'r lolfa yn crebachu'n yr haul

Tarth cynnes y cartre yn ageru o'u cnawd
ar seddau'r esmwythyd, a gwyfyn cwsg
lladradaidd yn eu llygaid.

Merddwr a chors.

Yma
yng nghwmni'r henoed dof sy'n rhythu arnom
tariaf ar lannau'r dyfroedd,
procio sgwrs o'r tawelwch,
a syllu i ddyfnderoedd eu byw mudan.

★   ★   ★

Beth sy'n cynhyrfu gwaelodion dy gof, Huw Parri?
Beth sy'n llygru'r breuddwydion ym mhellafoedd dy drem?

Ar glogwyn Pwll y Wrach
syllaist yn hir ar y tonnau'n lapio'r creigiau
fil o fodfeddi islaw
a'r dyfnder cyntefig yn gwahodd dy ganol oed.

O drobwll dy fyfyrdodau
gwelaist y bwlch yn y gwrych
yn ddihangfa rhwng y gwyddfid a'r llwyni eirin
i ebargofiant,
a'r ewyn yn flodau gwynion uwch dy fedd.

Â her ym mhlyg dy wefusau
a welaist ti gnwd y dyledion
yn syrthio fel cawodydd o 'falau pydron
o goed Ty'n y Ddôl
yn waddol i'r moch diamynedd?

A glywaist ti'r wrach
   yn crechwen
      ym mol y ddaear
a'i gwatwar yn siglo'r creigiau?

Ar glogwyn Pwll y Wrach
a gofi di'r fraich lechwraidd yn gwibio o'r nos
fel gefel am gnawd d'ysgwyddau . . .?

Ond yma, yn dy gaets o gartre,
dan fawd y blynyddoedd swci
   fu'n dadmer dy gynyrfiadau,
   fu'n cloi dy feddyliau,
angau digyffro
a nyrs wrth ei benelin
sy'n disgwyl ei awr.

★   ★   ★

Diferion o haul yn gloywi'n y don
oedd dy ddyddiau di, Bob Salford,
cyn i grafangau'r arthritis ysigo dy wedd.

Y cwman o gnawd treuliedig.

Fe'i gwelaf o hyd yn camu dros ros Esgair Wen
a'i wallt aflêr fel mwng ar ei ysgwyddau,
   croen fel llaid y gweundir . . .
   oferôl yn llawn o aroglau'r gors . . .
   gwadnau o dail defaid . . .
mewnfudwr i'r carn.

Y meudwy mewn hen Ficerdy.

Ynys o enaid ym merddwr y waun
a'r awyr las yn breuddwydio yn ei lygaid.

Onid hwn yw'r consuriwr
sy'n taflu'r haul melyndorch i ddŵr yr afon
a chorlannu'r cymylau ar y gorwel fel eirth gwyn
ar gynfas hud a lledrith?

Y creawdwr ar daith
heb glonc cymdogion i ferwino ei glyw
yn gosod tyddynwyr y mynydd i sefyll yn stond
i sgwrsio mewn gwisg wledig,
yn amlinellu ystumiau'r corff,
yn lledu'r bodlonrwydd rhychiog ar eu hwynebau

    heb deimlo pyls eu calonnau

a'u gado wrth ffens a llidiart
yn ddyfrlliw mewn ffrâm.

Ti, ddewin pob ymgnawdoliad,
pa law anghydnaws
a'th gipiodd o ucheldir dy ryfeddodau;

a'th adael fel darn o sbwriel ar domen sgrap
i fagu rhwd?

       ★   ★   ★

Mae gwaed yn dewach na dŵr.

Cof Bet
fel y lludw claear
yn y grât.

Pocraf y marwor
â straen yr ymennydd.

Bathu cwestiynau bachog
fel y pegiau hongian cotiau ar y mur
a'u cael i gyd
yn wag!

Bet a'i meddyliau golosg
yn taflu ambell sbarc o frawddeg ar ei gwefusau
cyn suddo eilwaith i'w mudandod rhwth.

Dacw hi eto
yn sychu ei gweflau â gwaelod y ffrog
sy'n lapio'i chyneddfau bregus,
a'r glafoer yn dennyn o ddieithrwch rhyngom.

Pedwar ugain o flynyddoedd helbulus
yn lledfyw'n y llwch.

Ambell broc i'r marwydos
. . . 'ych chi'n 'nabod i heddi, Bet?
Hawdd cynnau tân ar hen aelwyd.
. . . wrth gwrs 'mod i, Bach!

Dwy seren las ei llygaid
yn wreichion i gyd,
. . . llawenydd yn chwyddo'i bochau
. . . pellenni o eiriau yn cafflo'n rhacs.

Bu yma unwaith ddolenni o ofalon
a chalon garedig ar dân.

Gadael.
Mae'n codi llaw o ffárwel wrth y drws
a'i gwên o hyd yn eirias
fel angel anwes yn llaw'r nyrs.

Ddoe maith yn ôl
pan oedd ei gwaed yn un â sudd y gwanwyn
a'r afallen yn feichiog o flodau
ar glawdd Parc yr Ŵyn —

onid hon oedd seren aur ei dydd?

★   ★   ★

Hen wreigan
    yn hymian ei gwae
        ar ei gwâl dwy-olwyn.

'Marged Ann, 'ych chi'n well?
Mae blodau'r saffrwm ar glawdd yr ardd
yn llygaid i gyd
a rhyfyg yn fflam eu canhwyllau.
Y gwanwyn yw'r doctor gore a fuodd erio'd.'

Mae'n codi ei phen, am ennyd, o'r gobennydd,
fel petai ar fin cychwyn ar daith bell,
ei llygaid yn chwilio'r gofod,
cyn syrthio'n ôl i gawell y clustogau
a'i hesgyrn yn greision o gur.

Ar y ffin rhwng deufyd y bu hi'n ffwndro,
yr actores amaturaidd mewn cnawd gwyn
yn gwisgo mwgwd o wên yng ngŵydd ei chymdeithion,
yn dirwyn ecoau o chwerthin dyddiau caru
yng nghwmni ei hwyresau ifanc
wrth guddio brath y llafn a duriai'r groth
yn nyddiau blwng y cancru.

Tro i labordy'r cnawd.
Deufis ar fatras gobeithion.
Ambell saeth o gwestiwn yn taro'n sydyn
o fwa ei phoen,
        'a wella i maes o law?',
mudandod yng ngheg y meddyg,
y nyrsys yn cilio draw i gonglau'r ward
fel defaid ar encil mewn cornel cae
yn darogan storm;
a niwl yn nyfnderau eu llygaid.

Syllu drwy baenau'r cyfnos.
Cwch unig wrth borth yr aber
yn dawnsio'n ddiamynedd rhwng y gwenyg
fel petai Caron yn chwilota'r glannau
heb frys i gychwyn.

Llais oer y syrjon
fel llafn dan ei hais
   'allan ddydd Llun';
a bellach nid oes ond disgwyl . . .

★   ★   ★

Hynafgwr y rhos a'r cernydd,
pwy fu'n ysgythru sirioldeb yr haul ar dy wyneb;
a phwy fu'n caethiwo gwytnwch y creigiau a'r grug
i hercian mewn corff eiddil?

Mae'n cychwyn ar daith fugeiliol.

Y nant yn troelli o dan fwa'r bont
yn dorchau o ddŵr cyfoes;
a meinwynt ein cyndadau'n brathu'r mêr
wrth ddangos ei ddolennau yn y gwair.

Hen feini'n farw gelain ar y llethrau
fel milwyr ar lawr cyflafan.

Mae'r chwedlau'n tyfu'n gnawd . . .

Dynion fel epaod rhwng y corsydd a'r brwyn
yn hela swper-teulu
a'u crechwen myngus yn toddi'n un â'r awel.

Addolwyr boreau'n byd
yn crynu'n gegrwth o dan lach y daran . . .
yn taflu merch noethlymun ar allor o garreg . . .
y bicell yn ddiferion o waed . . .
a'r duw boddhaus yn tagu'r storm.

Marchogion Arthur yn chwyrnu o dan y fawnen
a'r merlod yn dal eu pennau yn yr awyr
wrth ddisgwyl ar drothwy'r bedd . . .

Y tylwyth teg yn plethu rheffynnau o wawn . . .

Hen ŵr y mynydd
yn rhedeg fel bachgennyn dros y llethrau
i ymlid yr ellyllon sy'n lladrata
y ceirch du bach ar Rofft y Fron . . .

mae'n nesu . . .
    mae'n colli'i anadl . . .
        mae'n llesgáu . . .

mae llen o niwl yn dallu ei olygon
a'r chwys yn oeri'n dalpau ar ei dâl
fel iâ'n meirioli.

              ★   ★   ★

Y llynnoedd di-stŵr.
Mae'r llanw'n ymbalfalu yn y pellter
ar gyrion y bae,
mae'n cydio â'i bawennau yn y creigiau
wrth lusgo
    fesul cam
        dros wely'r swnd
at geg yr aber.

Heliwr y gwaed llugoer
yn cludo'i wynder oer ar frig y tonnau
liw amdo'r arch.

O un i un yr ildiwch i'w ryferthwy
yn gyrff o weddillion llonydd
o'ch llercian hir ar forfa'r trai
i lithro . . . llithro . . .
ac ymgolli
yn un â thragwyddoldeb y môr mawr.

1992-1993

Glannau

(Taith ar hyd arfordir Sir Benfro)

LLANDUDOCH

Lle gwthia Teifi ei dŵr crychlyd drwy safn yr aber
a'r gwylain yn crio ein hechdoe yn y gwynt,
ymdeimlwn â nerth y cynfyd
yn rhigol y cychod sy'n llithro dros y don
i herio'r môr dieflig.

Antur yn llenwi'r hwyliau,
a llwybrau'r cefnfor yn gyfaredd i gyd.

Onid yma
y gwelsom y pysgotwr yn taflu ei rwyd i'r dŵr
i gipio'r eog o sianel ei reddf
cyn iddo ddychwelyd i'w hendre yng ngloywddwr yr afon;

a theimlo'r pysgodyn oer yn ymwingo
yng ngheudwll ein hasgwrn cefn?

Onid yma
y gwelsom ac y clywsom â'n llygaid cyfoes
y cudyll melyn fel daeargryn uwch ein pennau
ar nawn o haf,
y dorf ar Y Tywyn yn un clwstwr o dyndra,
cortyn ymgeledd yn codi'r badwr mentrus
o safn y tonnau,
a seiren yn crochlefain am ei fywyd
ar gulffordd y lan?

Onid yma
y gwelsom y corff annisgwyl yn dynesu'n araf
ar elor y wendon;
mor farw â'r baban wythmis yn y groth,
a'r gwallt afluniaidd yn unlliw â melyn y tywod?

Y forwyn doredig!
a ildiodd ei digalondid o dan belydrau'r lloer
ar bont Cilfowyr,
a thaflu ei deunawmlwydd erch
i gymhellion cyntefig y dŵr.

Onid yma
uwch cors o wymon a graean,
y teimlwn egnïon y môr yn y mêr a'r ymennydd,
ein greddfau a'n hemosiynau o dan fantell ei wenyg,
a chymhlethdodau isymwybod yr hil
yn gryndod ar wely'r glannau?

CEIBWR

Toriadau o greigiau dibatrwm yn chwalu'r ewyn,
ffolennau o dir yn sianelu'r morwynt,
a safn yr ogofâu yn sugndynnu'n dychymyg
i grombil eu düwch llaith.

Yma,
mae'r môr mor hamddenol,
ambell sbrigyn o graig yn chwyrlïo'r tonnau,
smotiau o wylanod ar silffoedd y clegyr,
a'r morlo fel ysbïwr yn codi ei ben uwch y dŵr.

Beth wyddom ni
wrth syllu dros erchwyn y creigiau
i lawr dros haenau'r canrifoedd
ar feudwy o draeth
i ddal y pili pala a'r clustogau Mair
yng nghylch ein sbienddrych
am ddoeau cynhyrfus y tonnau?

Ambell fad yn rhwyfo drwy'r berfeddnos
yn llwythog o farsiandïaeth
i'r farchnad gudd tu hwnt i geg yr ogof,
a dianc drachefn
o dan wenau'r lloer
i fwrw angor mewn rhyw hafan bell
mewn rhith o ddiniweidrwydd.

Eto,
wrth syllu dros y graig
a'r haul ar ein cefnau
mae ysgryd ein cyndadau'n rhygnu ynom;

a lampau'n gwibio ar hyd llwybrau'r nos
yn ogofâu'n cydwybod.

PWLLGWAELOD

Gwreichion o wynder
yn diffodd
ar gramen y graig.

Hen ŵr canol-oed
yn dalp o unigrwydd ar oledd y traeth
wrth syllu ar las y pellterau
o Gilfach y Cwm.

Fflachiadau'r haul ar grychni'r môr
yn sêr o addewidion,
conffeti o gychod yn dawnsio'n y bae
a'u wêc yn bedolau arian.

Hen ŵr canol-oed
yn gwylio'r machlud clwyfus ar y gorwel
rhwng carpiau o gymylau blêr
a'i gynddeiriogrwydd yn troi'n wrid ar ei wyneb;
a broc y tonnau'n ddrewdod yn yr aer.

Gwylanod piwis yn procio'r swnd
a'u cogor yn ffrae yn yr awel.

Hen ŵr canol-oed
a'i ysbryd am ennyd
yn suddo i ddwfn y tywod;

bytheiaid y dyfnfor
yn udo
am ysbail y nos;

a'r llanw yn tynnu'n nes ac yn nes at y lan.

Yna, y trwst disymwth,
y don yn lledu'n ymchwydd tua'r graig
fel helynt tor-aelwyd,
breuddwydion ar chwâl yn y gwynt,
a'r cynyrfiadau'n troelli yn y fron
uwch sigl y dŵr
yn deilchion o wynder.

ABER-BACH

Ar rimyn o draeth
a sŵn yr heli'n gweiddi rhwng y creigiau
y mae arlunydd
rywle
yn fy nghnawd.

Dychymyg yw'r lluniau ar ei gynfas o
rhwng penrhyn a chlogwyn a glan . . .

Y perthi eithin fel adar â phlu aur
yn fawr, yn llonydd, ar oleddau'r llwybrau,
y rhedyn ifanc yn byseddu'r morwynt,
a chlystyrau o brysgwydd fel llwythau'r hen fyd
yn gwylio uwchlaw'r cilfachau.

Dehonglwr ystrywiau'r don.

Y môr yn ysgyrnygu yng nghrombil yr ogofâu
fel bwystfil dolurus;

yn sefyllian yn y pyllau swnd fel yr henoed mudan
yn gibddall i liwiau'r machlud ar wely'r bae;

ac weithiau yn gofl o wynder
    ym mreichiau'r llanw
fel baban yn ymbalfalu
    am fron ei fam.

Eiliad o wefr . . .
asbri yn creu
amgylchfyd
yn sumbolau byw.

Heliwr o gudyll coch.
Hofrennydd di-stŵr uwch twmpathau'r Garn
yn dal yn ei unfan
rhwng gleidio araf gwylanod.

Bachyn yw ei ylfin o,
gefeiliau ei grafangau plyg
yn dynn ar fanblu'i fynwes.
Y disgwyl amyneddgar am ei brae.

Y crëyr ym mhorth yr aber.
Ei ungoes wrth angor
a delw ei gorff
mor llonydd â llun mewn llyfr.

Bardd y geulan a'r gors.
Saeth ei ylfin dan fwa o wddf
ar annel . . .
Hen ddarn o hamddenoldeb yn y dŵr.

Ond
pan dynnir mantell las y don o'r tywod
myfyrdodau yw'r lluniau ar ei gynfas o
sy'n magu ffurf a siâp
ar wely'r trai,
    tuniau gweigion ein ceginau cefn
    poteli'n gloddesta glwth
yn gymysg â rhwydi'r gwymon;

a blotiau o olew gludiog ar y swnd
yn ddu fel pechodau dynion . . .

PORTH CLAIS

Lle gorwedd Carn Llidi fel anghenfil o'r cynfyd
uwch tameidiau o gaeau gwyrddlas,
llwybrau cynefin ymwelwyr yr haf,
mae'r hafan safn-lydan fel carped o dywod melyn,
brain a gwylanod yn cydblethu drwy'r morwynt
sy'n taflu trochion o ewyn ar ein hwynebau.

Onid yma
y glaniodd y Twrch Trwyth ar dir ein dychymyg,
y clorwth o ddychryn mewn croen
fu'n rheibio a malurio ein gwareiddiad
o Fynyw i Ystrad Yw,
cyn ildio, fesul cam, i frath yr helwyr,
a llamu i ddifancoll dan fôr Cernyw
yn sgrech o boen.

Yn ymyl y traeth ym Mhorth Mawr
mae'r gwaed o hyd yn byrlymu o'i glwyf
yn rhimyn tonnau'r machlud,
ac eco ei gynddaredd ar eu gweflau glafoerwyn,
fel petai'r gwrachod yn berwi'r ewyn yng nghrochan y creigiau
i alw'r baedd yn ôl o ebargofiant.

Pa ryfedd fod y tywodfaen yn goch?

Onid ei berchyll ef
sy'n chwarae yn feunyddiol o amgylch y glannau hyn,
yn rhochian o'u gwâl filitaraidd,
yn hollti'r awyr ar eu cyrchoedd trwynfain
dros drum Clegyrfwya
a'u harswyd yn dirgrynu yn ein nerfau?

Eto,
ar ffordd Treleddyn
mae merlotwyr yn tuthian o dan haul y diwedydd
mor hywedd â Marchogion Arthur,
ac atsain y fuddugoliaeth dan garnau eu meirch
yn wreichion o gof ein chwedloniaeth.

Ar lan y môr ym Mhorth Melgan
fe fedrwn gyfnewid y gwellaif am sgrech awyrennau,
a'r ellyn am arfau *cruise,*
ond O! na fedrem daflu i goludd y tonnau
y twrch sy'n trybaeddu ynom.

ABERDAUGLEDDAU

Pa law dosturiol
fu'n plannu'r blodau estron ar fin y dyfnfor
a'u harogl yn gymysg â'r mwg;
a chodi pysgotwr o efydd
    yn gyffro i gyd
ar droedffordd y Rath
i rythu ar foelni'r tonnau?

Ar lanw'r chwedegau
daeth duwiau Cyfalaf i hawlio'r culfor.
Onid oedd genau'r afon yn llawn o'u budreddi?

Eto,
dôi'r haf hynafol i boblogi'r traethau
o Angle i San Ffraid,
a'r gwenyg yn sgrialu dros y graean
fel cân ewynfriw.

Anturiaethwyr y clegyr a'r clogwyni,
chwilotwyr cilfachau'r don,
a'u haelwyd deithiol yn gragen ar eu cefnau
yn blasu min y morwynt . . .

cyn llacio ac ymlacio gewynnau'r cnawd
yng ngwyll y cyfnos, a llannerch Bryn Haul
yn bentre o bebyll unnos.

Sgwrs â'r brodorion uwch dadwrdd y bae,
hen ŷd yr arfordir.

Adroddai'r gwragedd am olchi dillad gyda'r hwyr
a'u gosod i hofran yn yr awel ar hyd y lein
liw ôd y meysydd,
a'u cael ben bore yn smotiau duon i gyd
fel pe bai ysbrydion y nos yn cerdded drwy'r meinwynt
i adael olion eu traed ar y glendid gwyn
yn staen o lygredd.

Heddiw, a'r trai yn lleidiog
yn aber y ddwy Gleddau,
gweithwyr gwaglaw sy'n pendwmpian ar y seddau
ym mlodau eu nerth;

haig o longau'n erydu yn y doc
mor ddiffrwyth â mecryll marw;

a'r gwylain yn crynhoi ar reiliau'r cei
fel adar corff.

SANT GOFAN

Pwy oedd y sant anhysbys hwn
fu'n chwalu'r hud ar Ddyfed,
— y twrf, y niwl, a'r tai annedd yn diflannu —
yn cymuno â Duw ar riniog y don,
yn canfod yr haul drwy'r cymylau porffor,
a chodi ei dŷ ar y graig?

27

Disgynnwn dros risiau gwyrgam y canrifoedd
i deimlo'r sancteiddrwydd yn yr oerni llaith
wrth allor o garreg,
lle plyg y mulfrain eu pennau yn y tawelwch
fel mynaich yn cydaddoli.

Nid oes cwmni yma ond y môr
sy'n llafarganu o amgylch creigiau'r oesoedd,
a ffenestr hirgul yn ymrithio'r machlud
yn wyrth o olau dan fwa'r gangell . . .
fel wyneb Crist yn syllu o'r tywyllwch.

O gam i gam y down yn ôl i'n cynefin.

Ar sticil y rhos
dyrchafwn ein llygaid i'r mynyddoedd mwg
sy'n crwydro'r gwastadedd eang.

A glywch chi'r twrw yng nghorn gwddf y tanciau?

Ac obry, yn Hafn Lydan,
dan y goedwal gadwynog,
lilïau'r dŵr sy'n crynu ar y llynnoedd
fel clwstwr nerfus o angylion gwyn,

a'r elyrch
yn gostwng eu pennau
mewn cywilydd.

Ar encil y dydd
tawelwch wedi elwch sy'
ar ros anghyfannedd,

y gwynt yn udo o'r bynceri gwag,

a'r machlud fel archoll fawr
    ar orwel y bae
yn diferu o waed
    yn ein cof.

DINBYCH-Y-PYSGOD

— y môr a ylch ymaith ofidiau dynion —
meddai'r gweledydd Lladin ar dalcen y mur
sy'n arwain drwy borth y cynfardd
— i'r gaer deg ar y nawfed don —

Yma,
mae'r siopau fel canghennau o grefftau'r goedwig,
y morlas fel cynfas llonydd yn lapio'r eangderau,
a'r mynyddoedd Cymreig yn toddi'n ddiddim yn y pellter draw.

Eto,
mae'r heniaith yn flagur ar dafodau'r plantos
yn Ysgol Rhiw-las,
yn tyfu'n wyrdd, fel y coed llawryf ar glawdd yr iard;
a'r ddraig yn aflonyddu ar dŵr y castell.

Obry,
o dan feranda'r gwestai ucheldrem
sy'n syllu drwy sêr eu llygaid
ar gynffon y cychod amryliw yn hollti'r basddwr
a'r tangnef gwyrddlas ar gaeau Ynys Bŷr
mae teyrnas hirfelyn yr haf.

Torheulwyr llednoeth yn aeddfedu'n y swnd,
cyfarth y cŵn boddhaus yn brathu'r morwynt,
barcutod yn chwifio'u cynffonnau yn yr awyr,
a'r cestyll undydd yn dalp o freuder ein byw
yn nheyrnas hirfelyn yr haf.

Wrth ymyl Craig y Sgêr
mae nofiwr meingorff yn ymgodymu â'r heli,
yn freichiau, yn gorff, ac yn goesau i gyd,
yn cicio, yn ymlacio, ac yn paffio â'r tonnau,
cyn codi o foelni'r môr i droedle'r traeth
ar lun pysgodyn lluniaidd,
a'r dŵr fel defnynnau o chwys yn diferu o'i gnawd.

Mae olion ei gamau noethlymun ar y tywod
fel traed y dyn cyntefig;
a'r llanw yn lledu'i freichiau tua'r lan
yn gyhyrau o wynder
i lapio'n greddfau a'n hemosiynau o dan fantell ei wenyg
yn y gaer deg ar y nawfed don.

1985-1992

Clymau

(Dilyniant o gerddi)

PROLOG

Labrinth o goeden deulu ar glawr Y Beibil
Yn doredig, yn fylchog, yn ymledu drachefn,
Yr enwau disymud sy'n llamu o'r ymysgaroedd
I yrru ias drwy fwydyn fy nghefn.

Teimlaf ym mêr fy esgyrn gyffyrddiad y bysedd
Fu'n casglu llinynnau'r ach a'u dwyn ynghyd
Fel gwe pry copyn, a rhywle yn nwfn y deall
Mae'r llygad sy'n adnabod y clymau i gyd.

DANIEL

Yng nghapel fy nghydwybod
Mae wyneb sych fy nhad
Yn distaw-wfftio'r cennad
Wrth fwrdd yr ordinhad,
A'r sbeit rhwng ei wefusau cul
Yn lledu'n wên ar hwyr o Sul.

Droeon, a sodlau'r arad
Yn segur ar y ffridd,
Bu'n hebrwng arch perthynas
I'w rhoi yng ngheg y pridd;
A throi, ar wib, o dŷ'r coffâd
I ffroeni'r ysbail ar ei stad.

Wrth ddal y pwrs angladdol
Yn dynn, rhwng bys a bawd,
Bu'n taflu baw'r ewyllys
I lygaid chwaer a brawd,
A rhannu'r gwaddol, gant y cant,
Yn swmp o chwerwder rhwng y plant.

31

A phan roes twrnai'r Angau
Ei gyffion am ei draed,
A difa'r cythraul canu
Fu'n berwi yn ei waed,
Daeth ciw yr ach, mewn dillad parch,
I'w sgriwio yntau yn ei arch.

Heddiw, a seirff y drysi
Yn hawlio'i feddrod drud,
Ei lygaid n'ad-fi'n-angof
Sy'n syllu drwy fy myd;
A theimlo wnaf, rhwng llon a lleddf,
Fod dur ei ysbryd yn fy ngreddf.

ESTHER

Mae rhywun beunydd yn glanhau
Ym mharlwr fy nghof cynnar,
Yn sgleinio'r canwyllbrennau pres
Fel ysbryd yn fy ngwatwar,
Cyn gwahodd, ar glustogau'r hwyr,
Sgandal a chlonc cymdogion,
I weld eiddigedd yn dyfnhau
Yn fflach eu llygaid llawnion.

Er iddi wario'n hallt o'i phwrs
I'm dwyn hyd lwybrau llaethog,
A chuddio noethni ein hystad
Â ffwr y gôt blew-llwynog,
Bu'n wylo byblau uwch fy nghwymp,
Ond O! mor noeth ei chusan,
Rhoes ysgwydd mam o dan fy maich,
A dwyfraich imi'n darian.

Pan ddôi'r Nadolig lond y gwynt
Bu'n mynd fel cath i gythrel
I osod ffrwythau ei mawrhad
Ar goeden wag y capel;
A gweld yn nrych ei hunan-dyb
Wrth fodio'r wig ysgarlad
Ryw gysgod praff yn iro'r llaw
A'i rhoes ar fainc yr ynad.

Hyhi oedd utgorn brwysg fy nydd
Ac eilun fy nghof cynnar;
Ni fedrai'r cynrhon yn y cnawd
Ddifetha'i min ymffrostgar,
A chyn ymdroi o rwysg ein byd
I ffoi yn amdo'r canser,
Gadawodd blufyn yn fy het,
A llond fy nghroen o falchder.

STAN

Na, nid oes yma ar dulath y sied
Ddernyn ar ôl o'r rhaff
A ddug ei einioes drwy'r gofod cul
I ffwrn yr amlosgfa yn saff.

Â'r llew Prydeinig ar ei frest yn rhythu
Dychwelodd gyda'r haid fu'n taflu loes
Y plwm a'r napalm yn y ffos a'r fagddu,
A phoethder y malaria'n gymar oes.
Crwydro, yn labrwr strae, o lech i lety,
Gan lusgo'i gam heb orwel a heb gwrs,
Pangau o swildod llywaeth yn ei lethu,
A rhyw ellyllon craff yn gwagio'i bwrs;
Snwffiodd y crwner ar ei orsedd felfed,
A'i wyneb, wedi'r cwest, fel talp o faen,
Onid oedd gwŷs yr Angau yn ei boced
Yn tystio fod ei nerfau'n drwch o straen?
Ei ddiwedd, fel ei fyw, heb ias na sbarc,
A'r glaw yn llyfu'r llwch ar borfa'r parc.

Ond weithiau, pan dremiaf i lwydwyll y sied,
Aelwyd ystlumod a llau,
Rwy'n teimlo cortyn ysgeler fy mrawd
O amgylch fy ngwddf yn tynhau.

NANS

Yr olaf i droi dros y nyth,
Y cyw herfeiddiol, melyn,
Ei nwydau yn gyffro i gyd,
Un hobi, — coes-dynnu'r bechgyn.

Taro tabyrddau ei chartre di-ŵr,
A chael y byd at ei dant.
Cododd hithau mewn warws o dŷ
Lond nyth cacwn o blant.

Hel ei thamaid o bnawn i bnawn
Fel y gwenyn ym mlodau'r ffrith,
Golchi, smwddio, gwnïo, — a gwau
Edafedd ei bywyd brith.

Ni fedrodd barugwallt ei chanol oed
Â diffodd nwyon y fflam;
A throes ei hepiliaid o fryntni'r nyth
Heb eilwaith adnabod y fam.

Â'i thynged ffroenuchel yn nwylo'r gwynt,
Mae heddiw, fel Heledd ein llên,
Yn crwydro'r palmentydd heb gwmpawd i'w hynt,
A surni dan fwgwd ei gwên.

Er imi ei chablu ar gomin y stryd,
A gwrthod deheulaw brawd,
Mae trachwant ysbeidiol y bwystfil a'n dug
Yn llechu ym mhlygion fy nghnawd.

NIA

Pwy yw hon, a'i hysbryd yn dyner fel y manlaw ar baen y ffenestr,
Sy'n taflu briwfwyd i'r adar yng nghythlwng y gaeaf;
Ei hwyneb, yng ngŵydd fy nghythruddwyr, yn troi fel darn o gallestr,
A'i breichiau, fel gefeiliau o sicrwydd, yn cau amdanaf?

Hi yw'r nyrs lechwraidd sy'n gweini ar fy muchedd,
Cyffur ei geiriau sy'n lliniaru maint fy mhoen;
Hi yw'r castell o gnawd ac esgyrn sy'n amddiffyn fy nghamwedd
Gan bylu saethau'r gelyn â gwydnwch ei chroen.

Yr artist diymhongar fu'n peintio'r profiadau
Ar lwybrau digyfnewid ein seithfed nef . . .
Y gwanwyn yn gwthio'i addfwynder drwy flagur y cloddiau
A'n dwylo, ar droedle'r gamfa, yn ddolen gref.

Deubar o lygaid yn cydgyfarfod ym mhelydrau'r lleuad
Sy'n hongian fel modrwy o aur ar frigau'r ynn,
Cusan! a chri gwylan yn rhamant y pellter,
A'r llanw ar hyd y morfa yn gyffro gwyn.

Ei phrydferthwch, fel lili'r dyffrynnoedd, yn ymagor
Dan haul croesawgar mis Awst, yr aer yn gylch o bedolau
Dros fwlch y fynedfa; dau enaid yn dynn wrth yr allor,
A'r llwon nerfus yn baglu ar eu gwefusau!

Gorwedd ar wely o boen i esgor ar ein dymuniad
Wrth ollwng trymlwyth o fywyd yn waedlif o'i bru,
Cofleidio'r trysor diymadferth a dyfodd o'r cyduniad,
A'i sgrechian afreolus yn troi'n llawenydd o'n tu.

Weithiau, pan fo ein perthynas yn corddi fel storm y mynydd-dir,
A'n gadael mor ddiymadferth â derwen ar lawr,
Pwy sy'n dod ataf fel petalau o dynerwch
I ddofi fy nghynddeiriogrwydd â chryfder eu sawr?

Pwy sydd â'i chân yn esgyn yn uwch na'r ehedydd yn entrych nefoedd,
Yn siriolach na'r robin sy'n begera wrth glwyd yr ardd,
Yn harddach na gwynder yr alarch sy'n rhwygo'r dyfroedd,
A'i pharabl yn burach na dŵr ffynhonnau tardd?

Pwy sy'n archwilio'r tŷ yn fanylach na'r pry copyn,
Yn sgubo'r syniadau brwnt o bob trawst a chornel?
Pwy sy'n tywallt y dŵr gwrth-heintiol yn froch yn y baddon,
A sychu blinderau'r daith â chynhesrwydd ei thywel?

Closiaf at ei hanadl ar fatras y diwedydd
Pan fo gwenwyn tafodau'r dydd yn fy mron yn gyfog,
Byseddu hudoliaeth ei chorff yn agosatrwydd yr hirnos,
A chodi o bair ei hysbryd yn filwr arfog.

Pwy sy'n porthi'r adar yng nghythlwng y gaeaf
A'i meddyliau mor ddifrycheulyd ag eira'r llechweddau?
Pwy sy'n gwisgo'r haul yn ddisymwth ar ei hwyneb,
A'i chur, fel pibonwy'r coed, yn meirioli'n ddagrau?

Hon yw fy ffenestr, yng ngwlad y cynhaeaf a'r cneifio,
Terfyngylch y fodrwy sy'n dal ein dyhead yn dynn.
Pan ddihangaf i ddüwch y nos, a'i chymhellion anwar,
Yng ngloywder canhwyllau ei llygaid y mae cariad ynghŷn.

DEWI

Mae utgyrn yr helwyr yn groch ar fy nghlyw,
Mae crafanc y cudyll ar drywydd y dryw;
Yn rhwym yn y carchar, y mae cnawd o'm cnawd;
Pa gorwynt herfeiddiol a'i gwthiodd i'w rawd?

Daw haul ei hynawsedd at dynfaen fy mron,
Mae grym ei ynfydrwydd fel ymchwydd y don
Sy'n chwalu'n ewynfriw ar dywod y traeth;
Paham y mae hiraeth mewn cragen yn gaeth?

Y glaslanc goleuwallt mewn gŵn ysgolhaig,
Fe'i breintiwyd yn gynnar â thafod y ddraig,
Cynheuwr dihysbydd coelcerthi'r wasg
Yn llorio'i orthrymwyr heb gynffon na masg.

Arhoswch! gyfeillion, wrth esgynfaen y llys,
Onid yw'r clirio cyfreithiol yn dyfod ar frys?
Arddegyn y gwanwyn chwilboeth a'i wallt fel y banadl
Rhwng bysedd y teigrod gleision yn ymlâdd am ei anadl.
Ei gorff yn disgyn fel delw ar balmant y llys
A gwaed ei wrthdystiad yn staen ar ei grys.

Ni chlyw efô ar asffalt oer ei wely
Sterics ei chwaer yn nwylo heyrn yr heddlu;
Na gweddi'r fam, a gwewyr yn ei thôn,
Yn codi'r hunllef fyw o enau'r ffôn.

O gloi ei gwmpeini rhwng muriau o wawd,
Y ddraenen yn f'ystlys, y cnawd o'm cnawd,
Â hual y gyfraith yn drwm wrth ei draed,
Mae tinc ei wrhydri ym mwrlwm fy ngwaed.

MORFUDD

Pwy fu'n lladrata hud dy lygaid gleision,
A rhuddem dy ddeurudd, fy merch?
Pa heliwr a'th ddaliodd yn ysblander y bore
Â rhwyd ddigyfaddawd serch?

Pan giliodd hoen y gân o glychau Dwynwen
Wrth alw'n ofer ar dy nwyd yn ôl,
Onid trech oedd cwlwm y cyfamod
Na dawns morynion Mai ar lesni'r ddôl,
Gan ddeisyf am gynhaea' gwyn y cnawd
I'w fwytho yn dy gôl?

Wrth weld dy fol llydanfrig
Yn llawn gan dwf yr had,
Lle trig y byw aflonydd
Sy'n ysu am ryddhad,
Mae darn o garreg ateb
Ym mynwes mam a thad.

Disgwyliaf ias yfory,
Dychmygaf ei wên, a'i gri,
A theimlo edefyn arall
Yn clymu'n fy nghalon i.

1983

Anti

Bodio llonyddwch ei thalcen
   Dan orchudd petalau gwyn
Yr amdo . . . arogli'r Angau . . .
   A'm llygaid agored yn llyn

O atgof cythryblus dwy flynedd
   Y cancer yn llacio'r croen,
Ei gwên yn groesawgar-lydan
   A'i choludd yn bwysau o boen.

Syllu tu hwnt i'r dadfeilio:
   Brasgamu at lidiart Tŷ Draw
I'w dilyn hyd lan afon Cleddau
   Yn wythmlwydd o sbri yn ei llaw

I ganfod yr alarch claerwyn
   Yn esgyn i'r nefoedd, a chri
Gylfinir o benglog y creigiau
   Yn cyffwrdd â'm calon i.

1988

Ar Ffordd y Pererinion

Byseddu'r groes ar y garreg
  Galed, wrth ystlys y porth
Sy'n arwain dan gangau'r cysgodion
  I'r buarth, ym Mesur y Dorth.

Penlinio ar lech yn y glaswellt
  Fel mynach yn ymbil ar Fair,
A thramp pererinion yr oesoedd
  Yn gryndod ar droedffordd y Gair.

Blasu hen win y dychymyg
  A thafell o'r bara sych,
Codi, ac oen y poeth-offrwm
  Yn rhythu drwy'r bwlch yn y gwrych.

Dôi cnul ar awelon yr hwyrddydd
  I'm gwahodd i ddinas y sêr,
Gweld colofn o fwg yng Nglyn Rhosin,
  A'r tân yn cynhesu'n y mêr.

Dihatru pechodau'r penwythnos
  Fel taflu ysbwriel i'r gist,
Euogrwydd yn wlith ar fy ngruddiau,
  A gwên ar wynepryd fy Nghrist.

1989

Sir Benfro

Mae ynof ias a chrebwyll y penseiri
  Fu'n codi'r cerrig yn gromlechi cain,
Rwy'n un â chân yr oerwynt ar Garn Meini
  A rhamant hen anturiaeth yn ei sain.
Weithiau, rwy'n plygu glin wrth faen Bedd Arthur,
  Gan deimlo'r dur sy'n darian dan fy mron;
Neu droi o faes y drin at fwrdd y Seithwyr
  I flasu gwin y wledd ar greigiau'r don.
Tariaf yng nghwmni'r saint, mewn moes ac ystum,
  I blannu croesau'r Ffydd ar fanc a llain;
A dilyn hynt y tadau yn Rhydwilym
  Fu'n gweld goleuni'r wawr drwy frigau'r drain.
Pan fyddo'r byd yn fwrn, a chwerw'i ddant,
Mae balm pob clwy ar randir Dewi Sant.

1993

Nid Gweddus ei Fwrnio

(Ar ôl ymweld â W. R. Evans yn Ysbyty Llanelli
yng nghwmni cyfaill dridiau cyn ei farw)

Fflachiodd ei lygaid yn un ffrwd o olau
    Fel gwreichion o dân eithin Cnwc yr Hydd;
Broliodd, â'i dafod ffraeth, y cymeriadau
    Fu'n clirio erwau'r mawn yng nglas ei ddydd;
Heliwr y cynganeddion yn ei gafell,
    Yn crwydro, weithiau, i gorlannau'r cnu,
I fachu yn ein cof ryw berl o linell
    O enau hen gymdeithion 'Nachlog-ddu.
Beth wyddem ni wrth godi llaw o ffárwel
    Wrth ddrws y ward (a theimlo'r boen yn fwrn)
Fod Brenin Braw yn llechu yn yr anwel
    Â llafn ei ergyd olaf yn ei ddwrn?
Gadawsom ef ar fynydd ei dân eithin
A'r fflamau'n clecian yn un berth o chwerthin.

1991

Siom

Troi cwys wrth gwys o grystyn gwydn y ddaear
   Dan oerwynt Ionor ar y gefnen lom,
Gan ddod â'r oged i friwsioni'r braenar
   A dirwyn eurlliw'r had drwy wely'r dom.
Gweld llafnau glas yr egin yn ymwthio
   Drwy haenau'r pridd, dan egni'r gwlith a'r gwres,
A'u gweld drachefn ar derfyn haf yn gwyro
   Eu pennau euraid o dan ddawns y tes.
Cael blas ar dorri. Wedyn cawr dig'wilydd
   Y tywydd drwg â hafog yn ei law
Yn wallgo' ar y maes, y storm ar gynnydd,
   A'r ŷd yn dalp o lwydni yn y glaw.
A'r cnaf a droes holl obaith fy mreuddwydion
Yn ddim ond cnwd di-werth o styciau pydron.

1962

Delweddau i Gofio Waldo

Y CI DEFAID

Coleddodd fi ryw hen fugeiliaid gynt . . . ('Cymru'n Un')

Gwelaist y cŵn yn dolennu ar lethrau dy faboed
Wrth ddofi rhyw ddafad bengaled ar oledd y gwynt,
Ti, ddewin ysgytwol y mynydd a'th awen ysgafndroed,
Fu'n didol dy fyfyrdodau yn anterth dy hynt.
Gorwedd yn llonydd-fyfyrgar ar bawr y ddiadell
Â chwiban gwladgarwyr yr oesoedd yn glir yn dy glyw,
Llamu ar drywydd dy weledigaethau cyrhaeddbell
A'u dwyn o ehangder y maes yn gynhyrfus-fyw
I lociau ein llên. Clywaist o encil y creigiau
Y fleiddiast filwrol yn udo ar lennyrch yr ŵyn,
Teimlaist ufudd-dod dy fynwes yn rhedlif dy ruthmau
Yn gwarchod tawelwch goludfawr y gelaets a'r brwyn.
Mae heddwch y bryniau yn feddfaen i'th lwch ym Mlaenconin,
A helgwn o ddur yn bytheirio ar ros Castell Martin.

Y FEDEL

Cof ac arwydd, medel ar lethr eu cymydog. ('Preseli')

Mae si pladuriau ar oleddau'n torri,
   Rhesi o styciau pengam ar y cae,
Tyddynwyr godre'r mawn ar leiniau'r medi
   Sy'n llorio'r cnydau aur â'u cyrch di-swae.
Hon ydyw'r fedel sydd rhwng cloddiau d'awen,
   Yr ymdrech gefngrwm yn y gwynt a'r haul
Wrth gynnal braich cymydog i gael deupen
   Llinyn ynghyd, heb unwaith gyfri'r draul.
Rhwymaist â rheffyn d'angerdd gân y gweryd
   Ar lethrau'r crofftydd ac ar noethni'r garn,
A chynaeafu gwerthoedd y cyfanfyd
   Ar feysydd diymhongar John Pen Sarn.
A chael ar lawr y brwyn ym Mharc y Blawd
Y Brenin Alltud yn ei wisg o gnawd.

Y FOEL

Mur fy mebyd . . . ('Preseli')

Hoeliaist yng nghof y genedl lechweddau Foel Drigarn,
Y creigiau cyhyrog sy'n gartre gonestrwydd a chwys,
Magwrfa asgwrn cefn dy safiadau cadarn,
Y ddaear sy'n goroesi mympwyon y llys
A ddug dy ddiniweidrwydd i gell Abertawe.
Ni fentrodd, yng nghythlwng y Rhyfel, grafangau'r un bwm
I ddwyn y frawdoliaeth glòs o dyddynnod y creigle,
Na phris y bodlonrwydd llawn o'r ydlannau llwm.
A gwelaist ar lethrau'r gwlith megis bwa ar annel
Ryfeloedd yr oesoedd yn llechu yng Nghastell y Garn,
Y bwystfil afluniaidd sy'n rhythu o'i wâl ar y gorwel
Yn codi . . . yn syrthio . . . a rhaib ei freuddwydion yn sarn.
Mae'r wawr yn ymledu'n wyn uwch y foel a'r clegyr,
A hedydd dy awen sy'n pyncio yng nglas yr awyr.

1977

45

Llygaid

(Yn Oriel y Cerfluniau, Neuadd y Ddinas, Caerdydd)

PROLOG

Fe'n delir yn geg-agored ar drothwy'r cyntedd
â fflach eich llygaid marmor;
pob wyneb yn llawn o ddychymyg,
yr ysbrydion cynhyrfus sy'n stelcian rhwng y pileri,
yn gwenu ac yn gwgu bob yn ail
o gonglau'r canrifoedd.

AMDDIFFYNWRAIG

Piau'r llygaid didostur sy'n rhythu arnom —
dwy leuad o fraw dan yr hirwallt blêr?
     Buddug . . . Buddug . . .
y dderwen yn nannedd y drin
     ym moreau'r cof.

Gwelaist Lundain yn wenfflam!
Roedd gwên yn dy lygaid gwlatgar
wrth ganfod o goelcerth i goelcerth
y rheibwyr Rhufeinig fel morgrug ar ffo
yn syrthio'n gelanedd llosg.

Yng nghyffro'r marmor
dwy ferch sy'n pwyso ar dy fronnau dewr
yn ymbil ar eu mam i ymbwyllo
a rhyw bryder diddeall yn clafychu eu trem.

Tithau,
â hyder di-droi'n-ôl
yn cuchio dy ruddiau
yn gwthio rhagddynt
     fel bleiddiast
        o flaen byddin
i herio'r eryr aur
     ar faes y gyflafan.

Arwres y bore barus,
a ddoi di heddiw ar dwristaidd hynt
i fodio gweddillion
    y caerau
        yn yr haul,
yr henebion cymen
        sy'n rhan o amgyffred cenedl
ar nawn o haf?

A weli-di'r filwres ifanc
heb arfau ond ei nerfau dur
a'r grym sy'n troi yn astalch dan ei hais
        ar dân dros yr iaith
        yn ysgoldai'r dref
a'i geiriau fel saethau blaenllym
        yn taro'r pwyllgorwyr
        drwy groen eu talcennau
yn siambr ddof y Cyngor?

Hwythau,
yn eistedd mor ddigyffro â llewod aur
yr arfbais sy'n llenwi'r mur,
a'u dirmyg
    yn plygu'n wên
ar eu gwefusau.

A deimli-di'r pwysau
    yng nghuriadau calon
y fam doredig
sy'n taflu ei phen
    i gwlwm
        ei breichiau
ar fwrdd y gegin gefn,
cleber y plant yn archoll yn ei mynwes,
a'r enwau fel milwyr lladdedig ar y ddeiseb
oer a dideimlad.

Merthyres ein ffydd
  yn llygadu'r gwenwyn
  yn y rac cylchgronau
a rhythu i wacter y nos.

CENNAD

Pwy yw hwn sy'n fwy na'i gyd-breswylwyr
dan fraich y goleuadau?

Dwy law agored yn llawn o dosturi,
defosiwn yn gloywi ei drem,
  y tynfaen o bersonoliaeth
  sy'n camu o'r maen
â gwreichion o haul yn ei lygaid.

Onid hwn
yw'r ysbryd troednoeth sy'n disgyn o Glegyrfwya
ar alwad clychau'r Sul?

Pererin y llwybrau bythgoch,
yn tremio, weithiau, yn gilwgus o slei,
wrth ffugio hanner-gweld
y morynion noethlymun sy'n chwerthin yn nhonnau'r afon.

Penlinio, ennyd, wrth gerflun y Fam fynor
uwch crychni euraid Bae San Ffraid,
a llyncu dŵr y ffynnon o gwpan ei ddwylo.

Nawddsant ein dychymyg!
Sylla, am ysbaid, drwy ffenestri'r sagrafen
mewn llan anghysbell.

A weli-di'r cennad dibriod
ar ddelw aderyn corff
yn tynnu ei ben o'i blu offeiriadol
ar asgell ddi-baent y pulpud?

Edrych!
Mae gweddillion y diolchiadau rhwng y ddôr a'r nenfwd
. . . afalau o ardd Efa
. . . grawnwin o winllan Naboth
. . . ysgub o law Boas
ac ynghanol y cynhaeaf crog
tri phen ar ogwydd rhwng y meinciau moel
yn drwm gan ddiflastod.

Periglor y sacramentau
yn agor y drws i'r briodas yng Ngalilea,
a'r organyddes ewinbinc â hud yn ei llygaid
a'i choesau'n fforch o gnawd disgleirwyn
dan flodau o sgert
yn gyrru'r gwaed fflamgoch yn ffrwd drwy ei ruddiau
a chwtogi rhuthmau ei anadl fesul sill.

Baglor y Gred,
yn tynnu tagydd ei gar ag ochenaid o ryddhad
wrth glwyd y fynwent,
a dianc i lonyddwch gwag Y Ficerdy
mor ddistadl â llygoden eglwys.

SGOLOR

Lle gwthia Bae San Pŷr ei donnau mindlws
dros dafod aur o draeth,
lle ysgeintia'r haul amryliw ar do'r moduron
sy'n llercian rhwng y llan a'r castell,
mae ffocws dy lygaid di.

Wyt yno o hyd
mewn delw o gŵyr
yn oerni myfyrgell y castell,
croes dy uchelgais am dy wddf yn hongian,
dy gwilsyn coeth yn tynnu llun o'th famwlad,
a'r gannwyll wêr yn gloywi'r nos
yn chwedlau a breuddwydion.

Ti, lenor llygatgraff,
disgyn dros risiau dysg
i'r lawnt eilliedig lle mae'r bobloedd yn crwydro
gweddillion a malurion ein doe;
mae cobyn melyn eto'n stablan wrth y mur
yn disgwyl am yr awr
i'th ddwyn ar daith drwy Gymru,
a bysedd main y gwynt yn cribo'i rawn.

Edrycha! mae tyrau praff yn gloywi'r gorwel . . .
mae siffrwd addysg yn y coridorau . . .
stafelloedd yn fyw o fwynhad . . .

Gwydion o athro
â swyn ar ei fin
yn ddewin hyd flaenau'i fysedd
wrth atgyfodi Lleu ar Fryn Cyfergyr
â hudlath ei sbri.

A'r dosbarth yn gyffro-syfrdan.

O gam i gam
mae'n cludo Arthur mewn hir-a-thoddaid tlws
i wynfyd breuddwyd y bardd,
a hongian yr haf rhamantaidd yn ddail ar ganghennau,
hebrwng Magdalen i gyfandir y lloer,
a dilyn Madog dros donnau o gynghanedd.

Y Norman Cymreig,
ai dyma'r ffocws sy'n llenwi dy olygon,
yn toddi'r cur yn dy lygaid pell,
wrth iti syllu dros binaclau amser
a chosi dy ên mewn penbleth?

PENCERDD

I ble yr ei di,
delor aur Bro Gynin,
    a thannau'r crwth
    rhwng dy fysedd
clodwiw?

Paid â hidio
    fod acenion yr iaith fain
    yn llawcio'r llaeth a'r wyau
yn ffreutur y cywyddau mawl
yn ffermdy Penybenglog.

Na falia
fod hen dderw'r drws panelog
    yn crawcian
    fel brân
a'r hebogiaid pres
uwch y silff-ben-tân
    â rhwd
    yn dal eu hadanedd.

Oherwydd,
    mae'r beirdd yn ymladd
    fel ceiliogod nwyfus
ar dalwrn bras y radio,
    a chlec y gynghanedd
    yn awchlym
    ar eu hewinedd.

Dos yn dy flaen
a'th lond o waed uchelwr
i brifwyl Cefn Gwlad.

Ni wêl dy lygad nocth
    ryw bencerdd craff
    yn gwthio awdl fenthyg
i boced egin-fardd.

Tybed,
    a anfonodd yntau siec
    yn llatai?

Ac nid oes angen trwydded mwy
i blethu'r cynganeddion!

Yno
bydd llais y werin yn dinoethi'r cledd
ac angerdd ein traddodiad caeth
yn sigl-llaw'r cyfarchion.

Dos yn dy ôl, cei gysgu yn ddidrafferth
yn nhafarn Genau'r Glyn;
mae'r gwin yn flasus yng nghostrelau'r awen,
gywyddwr aur Bro Gynin.

GWLADWEINYDD

Y llygaid disglair yn y gwyll,
maddeuwch imi am eich dehongli chwi
yn ddim ond ymgnawdoliad o'r Mab Darogan,
y dewin diflanedig o Lys Sycharth
sy'n gwarchae'n cydwybod ni.

O! Sianticlîr y senedd genedlgarol,
a'th eryr-drem yn treiddio drwy'r goleuni,
pa bait ti heb ymgiprys â'r Iarll Llwyd
a fyddai marc Clawdd Offa ar y map,
gyfannwr ein gwlad?

Pa law angharedig
fu'n toddi dy gyneddfau yn fetel oer,
dy wisgo, heb waed a gewynnau, mewn llurig o ddur
yn senedd-dy Machynlleth,
rhoi tarian a gwaywffon yn dy ddwylo diffrwyth,
a'th ddymchwel o uchelder dy Dywysogaeth
yn filwr amgueddfa?

Ond
> 'Piau'r llais sy'n procio yn yr anwel
>   o rod i rod?'
medd sibrwd y sêr yn y nos a'r gwynt yn y gwair.
Ni fedrodd yr un radar
>   â dal ei hynt.

Y gwyliwr mud sy'n herian yn y maen
uwch rhuthr ein prifddinas,
tu hwnt i'th eryr-drem
a'r hydref crin sy'n ddryswch ar dy wyneb
mae afon Glyndyfrdwy mor fyw ag erioed
yn ymysgwyd drwy'r danadl a'r prysgwydd,
hen goed dadwreiddiedig yn marw'n y dŵr
fel doeau'n diflannu,
criw ifanc yn croesi'r bont . . .

Gwrandewch ar y cŵn yn sgrechian!

> Go home Welsh Nash
> You are the curse of the country

sloganau ar bolyn a mur . . .
placardiau fel fforest ar daen . . .

> Shut up you swine
> Long live Britannia

gwraig feichiog ar drothwy'r jâl
a lleufer y wawr yn ei llygaid.

Y lleisiau blaengar yn y gwyll,
maddeuwch imi am eich dehongli chwi
yn ddim ond ymgnawdoliad o'r Mab Darogan,
y dewin dychweledig o Lys Sycharth
sy'n gwarchae'n cydwybod ni.

DIWYGIWR

Eos y cymanfaoedd,
am ba hyd yr edrychi i'r dyfodol,
dy lygaid aeldrwm yn synhwyro'r pellterau,
a'th benderfyniad yn pefrio yn oleuni gwyn
ar rychiau dy wyneb serchog?

Wyt aderyn y dymestl
yn hedfan yn ddigywilydd o dabernacl i dabernacl
â nodau'r Gwaredwr yn nyfnder dy gân.

Beth yw'r ots gennyt ti
fod tair cenhedlaeth o groeso ar fuarth Pantycelyn
yn hawlio dy waed,
a'r ymwelwyr yn syllu i wyneb yr hen gloc teulu
fel petai amser wedi sefyll yn stond
ym mreichiau gwyrdd y goedlan yng Nglan Morfil?

Oni ddaeth galwad ar linynnau dy hiraeth
i'th dywys dros y bryniau tywyll niwlog draw
i ryw seiat gynhenllyd,
a thanllwyth o dân croesawgar yn llosgi d'ofidiau
cyn diosg dy flinder ar wely Llwyn-gwair?

A gofi-di hen Feibil y Boweniaid gynt
fel bwydlen ar y bwrdd,
llais yr Epistolau yn cyfarch y bore,
a'r weddi yn syrthio'n ddiferion o edifeirwch
ar blatiau'r cig moch?

Y pererin cymdeithasgar!
A ddoi di heddiw ar ddibetrus gam
i ddawnsio yn y cabarét canhwyllog
sy'n llithio oriau'r Sul ym mar Llwyn-gwair?

A ddoi di wyneb yn wyneb â'r Bacchus haerllug
sy'n gwenu'n hunanfoddhaus ar y matiau cul
drwy fwg y sigarennau?
Weli-di'r peiriannau fflachiog sy'n llygaid i gyd
wrth ddenu'r pres i'w crombil;
a'r cwsmer gor-sychedig wrth y cownter
â chweryl yn ei ddwrn?

Seiciatrydd y Ffydd.
Cyn crwydro'n ôl i sefyll yn y mynor
a sylwaist-ti fod d'emynau yn hedfan o hyd
fel adar brithliw,
. . . yn hwyl ar ganghennau pîn y cymanfaoedd,
. . . yn fud gan gythraul y canu,
. . . yn floesg yn aroglau'r dafarn,
. . . ac yn drwm o hiraeth dolurus wrth safn y bedd?

Seraff y diwygiadau,
am ba hyd yr edrychi i'r pellterau
a'th benderfyniad yn oleuni gwyn
ar rychiau dy wyneb serchog?

RHYFELWR

Mae fflach taflegryn yn dy lygaid beiddgar,
rhyfelgri'r gynnau'n danchwa yn dy waed,
wrth iti fodio dwrn dy gleddyf
fel cyfaill yn anwesu cymar oes.

Wyt farchog ucheldrem
yn gwthio dy gest orchestol i'r pedwar gwynt,
o hyd ar flaenau dy draed
yn barod i chwilio am ryw antur newydd,
cyn ildio i'r angau carlamus â gwên ar dy wyneb
ar gloddiau Waterloo.

Boed dawel dy gydwybod o harn
oherwydd
clywsom dy lais ganrifoedd o flaen dy eni,
a'i wrando drachefn a thrachefn
yn diasbedain drwy'r blynyddoedd clustfain
wrth iti sefyll ar binaclau dy fenter
i annog y milwyr â llafn yn dy floedd
i'r ffosydd diadlam.

Y marchog ucheldrem,
a fedri-di dynnu dy het uchel am foment
a chamu i lwydwyll y parlwr yn Nhremorfa
ar fore Sul Cadoediad?

A fedr d'emosiynau celyd
doddi am unwaith yn ddefnynnau o hiraeth
yng nghwmni'r fam glwyfedig
sy'n cydio mewn potelaid o ddŵr hallt y Malfinas
i'w hanwesu yn ei bron amddifad,
a'r llun ar y silff-ben-tân yn llygad-gronni ei dagrau?

Y milwr na ddaw'n ôl
    a hynawsedd ei wên
wedi rhewi'n gorn
    yn ffrâm yr angau.

Gwell iti dynnu dy gôt-gynffon yn dynn amdanat
wrth gamu yn ôl i'r meinwynt,
a chodi dy het drachefn
i oergri'r awyrennau sy'n hollti'r tawelwch,
a fflach taflegryn yn dy lygaid dewr.

EPILOG

Ysbrydion gwyn y marmor.
Wrth esgyn dros y staer, a ias ein hechdoe
yn ymbelydru ynom,
syllwn ar gyffro ein hoes drwy eich llygaid llonydd;
diolchwn, weithiau, eich bod chwithau'n ddall.

1984

Kensington

O! gwyn eu byd hwynt-hwy
y meudwyaid ysbrydol
sy'n gwylio'r dydd yn marw ar y bae
ar feranda'r hwyrddydd
mor ddigyffro â chychod y glannau
yn hafan San Ffraid.

Y talpau o henaint rhwth
sy'n troi a throsi ar glustogau'r lolfa . . .
yn rhyfeddu pan fo'r glaw yn llamu at y ffenestr
i lithro fel corynnod mawr i lawr y gwydr . . .
yn crechwen dan waedd y daran . . .
a dotio ar y mellt sy'n pefrio'r nef.

O! gwyn eu byd hwynt-hwy
ym mhlasty'r henaint rhwyfus
dan drem yr hen farwniaid ar y mur
sy'n swagro o ddydd i ddydd ar baneli'r porth
yn sych a dywedwst —
y gwylwyr rhwysgfawr yn eu gwisg o baent.

Llyngesydd o fri,
aderyn yr Horn a'r trofannau
fu'n herio'r angau brigwyn ar y dyfnfor,
y pumed barwn yn olyniaeth y teulu,
a'i ddwrn yn clymu'n daclus am ei gleddyf,
yn facwy . . . yn bictiwr o fost.

Côt goch a fflangell a march gwineuliw,
chweched etifedd y plas
yn marchogaeth yn ei elfen ar faes yr helfâu
a gwên galed yn clymu ei wefusau.

Cigfrain y gwin a'r rhenti.

A gwyn eu byd hwynt-hwy
y barwniaid ucheldrem
na welant yr henoed crwca
yn rhythu ar eu mawredd diymadferth
mewn ffrâm o aur; a'u chwerthin byw
yn deffro'r cerrig ateb yn y seiliau.

O! gwyn eu byd hwynt-hwy
a'u meddyliau parlysig —
y croen ac esgyrn ynghudd dan gobanau lliwgar
sy'n hercian eu gweddillion at ddrws y ward
ar freichiau'r morynion carcus,
a haul yr haf drwy frigau'r coed
yn blotio eu hwynebau.

O! gwyn eu byd hwynt-hwy
y meudwyaid ysbrydol
sy'n ddall i boen ein pererindod ni,

yn rhyfeddu at y glaw sy'n llamu at y ffenestr
i lithro fel corynnod mawr i lawr y gwydr . . .
yn crechwen dan waedd y daran . . .
a dotio ar y mellt sy'n pefrio'r nef.

1973

Gwreichion

Roced yn rhwygo'r awyr,
cawod o wreichion yn diffodd uwchben yr aber,
y gwynt fel babi'n crio wrth fur y castell,
a'r tonnau bronwyn yn neidio tua'r prom.

Cudyll trugaredd yn hofran uwch y dyfnfor,
tröell goleuni yng ngwyll y storm,
a chortyn bywyd yn disgyn ar gyhyr o graig.

Aderyn y corwynt cydnerth
yn glanio fel anghenfil trystfawr ar fin y ffordd,
deulanc yn llithro o'i grombil,
cylch simsan o wylwyr yn pwyso yn erbyn y gwynt,
a'r tanwydd yn fflam yn eu ffroenau.

Aderyn y môr ystrywgar
yn codi adain dros y dŵr carlamus
sy'n ubain ac yn hisian ar ei ôl;
cyn toddi'n ddim yn wybren y gorllewin.

A'r gwreichion yn gloywi'r cof.

1975

Tyrhyg Isaf

Yno bu'r storm yn sgyrnygu
  Wrth ffenest y gegin fach,
Yno bu Mam yn straffaglan
  Yn ei ffedog sach.

Yno bu 'Nhad yn brasgamu
  A'i wyneb yn gwanu'r glaw,
A'r gaseg felen yn crymu
  Wrth lidiart Cae Draw.

Yno bûm innau'n crechwenu
  Yn wyn a direidus fy mryd,
Cyn camu o gysgod y mynydd
  I frwydro â stormydd y byd.

1974

Y Capel Gwag

Pedwar mur a tho
Ynghanol rhes o feini plwm,
A llidiart harn a'i deil ynghlwm
Wrth briffordd bro.

Hen fethel saint.
Fe droesant deirgwaith ar y Sul
I rodio hynt eu llwybyr cul.
Eu moes a'u braint.

Mae'n fud ers tro.
A chroga'r gwe o'i drawstiau brwnt.
Ond Duw sy'n lledu 'mhell tu hwnt
I bedwar mur a tho.

1974

Pellter

Beth ydyw'r hiraeth sydd lond y lleuad heno?
Y lleuad yw'r ddolen gydiol rhwng enaid a thir.
Mae'r goleuni yn galw, ac yn procio fel min ysgrifbin,
cytundeb dieiriau'r galon â llwybrau Tyrhyg.

Mae'n galw o wawl plentyndod y blynyddoedd penchwiban,
y blynyddoedd a lofruddiwyd â gwn fy uchelgais i,
y blynyddoedd byw sy'n ei hwyneb marw hi,
feudwyes rythlyd y nos.
Mae clonc y tyddynwyr ar dâp yn fy nghlustiau'n pefrio
ac ambell fustach penwyn yn pori ar lethrau'r cof.

Rwy'n dwyn y pellterau drwy lygad y lleuad benfelen:
mae arogl gweiriau yn marw ar anadl y nos,
y moelydd proffwydol yn gwisgo capanau o nudden
a'r gwynt yn areithio yng ngenau coedwigoedd y rhos.

Mae'r lleuad yn llefaru o grombil y gwagle heno,
a gwân yn ei threm fel y dwyster yn llygaid mam-gu,
yn barablus, fel carreg fedd hen gyfaill hoffus,
a chodi o bridd y mynwentydd ysblander a fu.

1966

Cerrig Mowr Stônhenj
(Yn nhafodiaith Gogledd Penfro)

Ichi'n sefyll in bell o gatre,
Hen blant minidde'r Preseli,
Pob un damed bach in wahanol i'r llall —
'Run peth â hen gimeriade Brynberian a 'Nachlog-ddu
Sy wedi troulo'u wês in Shir Bemro
I fagu cenedleithe o ddefed a ponis miny',
A hala orie i sharad 'da'i gily' wrth iet i clos.

Seno ni'n gwbod shwt ethoch chi i Stônhenj.
Wê hinny cyn bo jets in deifo uwchben Fwêl Drigarn
Mor finych â'r gwenyn sy'n whilio am fwyd in i gwrug,
Cyn bo Jac-Codi-Baw in twmlo'r creige
Ac in hwrnu ar draws i perci,
A cyn bo'r llonge mowr in dwâd miwn i Milffwrt
Gida milo'dd o dunelli in 'u bolie llawn.
Seno ni'n gwbod shwt ethoch chi bant i Stônhenj.

Ichi shŵr o fod wedi blino ar gl'ed rhyw fachan Sisneg
In arwen dinion dierth obwtu'r lle
Ac in adrodd ir un hen gân o hyd
Fel se fe'n gwbod popeth am gyfrinache Wês i Cerrig,
Ond ichi shŵr o fod in falch i gl'ed rhywun in sharad Cwmra'g —
I dafodieth sy'n tiddu mor naturiol â blode'r 'ithin
Ar i llechwedde lle cesoch chi'ch geni.

Hen blant i Preseli!
Wês hireth arnoch chi weithe am ga'l mynd nôl
At ich perthnase ing nghwmdog'eth Car' Meini
I weld ir houl in mynd lawr dros Ben Dinas
Fel colsyn o dân i'r môr?
A ma' digon o le ichi in i tai gwag
Sy' pentigily' o Efel-wen i Tudra'th.

Pcidwch â becso, hen blant i minidde glas,
Ddim dim ond chi sy'n gorffod mynd o gatre
Heb obeth byth ca'l dwâd nôl.

1980

Baled

Ar gyffordd Hendy-gwyn
   Rhoed maen coffâd
Yn dyst o ddwylo dur
   Pentwrnai'n gwlad.

Ond gwyliwch! deulu'r stryd,
   Mae sarff y nos
Â'i llygaid ar ddi-hun
   Yng nghuddle'r ffos.

A draw wrth droed y rhiw
   Mae bwthyn drud,
Encilfa Meri Puw
   O boenau'r byd.

Ar glustog moethau'r hwyr
   Cadd ddracht o win;
Wrth droi i faes mwynhad
   Sianeli'r sgrîn.

Daw crawc o drothwy'r drws,
   A sydyn gnoc,
Drylliwyd y gadwyn aur,
   O! anferth sioc.

Dwylath yn llenwi'r ffrâm
   Mewn siaced flêr,
Llygaid uwch mwffler du,
   Fel creulon sêr.

Hergwd, a tharo'r llawr,
   Cordeddu rhaff,
Breichiau diwyro'r stôl
   Yn garchar saff.

Horwth yn chwilio'r seld
　Heb frys na swae,
Dymchwel y drorau crand,
　Fel llew ar brae.

Camu dros risiau'r llofft,
　Crafangu'r pres,
Tagu goleuni'r staer,
　Y ffôn a'r gwres.

Sleifio drwy gil y drws
　I nawdd y nos,
Gadael yr hafog mud
　I'r heddlu'n bos.

Plismon ar lwybrau'r bît
　Yn gwylio'r nen,
Brysio o frath y gwynt
　I swyddfa'r fen.

Cerbyd yn cychwyn draw
　Wrth droed y rhiw,
A goleuadau'r bont
　Yn rhyddhau'r ciw.

Mini heb blatiau rhif
　Yn ffoi ar ffrwst
Heibio i sgwâr y dref
　Mewn chwa o ddwst.

Ar gyffordd Hendy-gwyn
　Mae'r nos yn bla;
Mentra i'n dyddiau ni
　O! Hywel Dda.

1980

Trioledau'r Cregyn

O'm cael fy hun mewn gwely'n gaeth
Mae cân y glasfor yn fy nghlustiau,
A chlywaf eto asbri'r traeth
O'm cael fy hun mewn gwely'n gaeth,
A gweld y don fel trochion llaeth
Yn lledu'n wyn yng nghafn y creigiau.
O'm cael fy hun mewn gwely'n gaeth
Mae cân y glasfor yn fy nghlustiau.

★   ★   ★

O'u cael yn rhes uwchben fy nôr
Caf eto brofi ias y traethau,
A theimlo egni tonnau'r môr
O'u cael yn rhes uwchben fy nôr
A chri'r gwylanod yn un côr
Wrth weld y llong yn gado'r glannau.
O'u cael yn rhes uwchben fy nôr
Caf eto brofi ias y traethau.

★   ★   ★

Tyddynwyr newydd sy'n y glyn,
Ond nid oes neb yn eu hadnabod,
Ac er mai'r un yw'r dâr a'r ynn
Tyddynwyr newydd sy'n y glyn
Yn cadw lampau'r hwyr ynghýn
Heb ddenu câr na chlonc cydnabod.
Tyddynwyr newydd sy'n y glyn,
Ond nid oes neb yn eu hadnabod.

★   ★   ★

Mewn gwersyll brwnt ar gwr y dre
Ymaflant mewn rhyw rith o arlwy,
Tylwythau'r fall — pwy ŵyr o ble?
Mewn gwersyll brwnt ar gwr y dre
Yn cipio hud rhyw seithfed ne'
Wrth brofi'r ias o ddur y nodwy'.
Mewn gwersyll brwnt ar gwr y dre
Ymaflant mewn rhyw rith o arlwy.

       ★   ★   ★

O'u cael ar wasgar yn y gwynt
Y cestyll llwyd sy'n dal eu gafael,
Eu tyrau sy'n cyffroi fy hynt
O'u cael ar wasgar yn y gwynt,
A chlywaf dwrf y dyddiau gynt
Wrth weld ymwelwyr haf ar drafael.
O'u cael ar wasgar yn y gwynt
Y cestyll llwyd sy'n dal eu gafael.

       ★   ★   ★

Ym merw'r byd a'i rygnu byw
Ymguddiwn weithiau rhag ei boenau,
Gwacáu erchylltra'n hoes o'n clyw
Ym merw'r byd a'i rygnu byw
A throi'n ddi-hid (mor bell yw Duw)
I fwrw'r haf yn haul y traethau.
Ym merw'r byd a'i rygnu byw
Ymguddiwn weithiau rhag ei boenau.

1993

Penillion Telyn

Gwyn ar lwyn yw manblu'r eira,
Gwyn yw'r don ar draethau'r gaea',
Gwyn yw'r alarch ar li'r afon,
Gwyn yw'r ferch sydd lond fy nghalon.

Aur y coed yw tw'r fanhadlen,
Aur y maes yw brig y d'wysen,
Aur y nos sy 'ngwydrau'r lleuad,
Aur i mi yw gwallt fy nghariad.

Glas yw'r nen dan heulwen hafddydd,
Glas y môr dan do'r wybrennydd,
Glas ar lain yw'r ganwraidd hirbleth,
Glas ei llygaid yw fy ngeneth.

Gwyllt ar ros yw llam y stormydd,
Gwyllt o reddf yw myllt y moelydd,
Gwyllt ei gwib yw fflam y fellten,
Gwyllt ei thymer yw fy meinwen.

Gwrid a roed i lwch marwydos,
Gwrid i'r haul ar len y cyfnos,
Gwrid i'r grug ar noethlwm lethrau,
Gwrid a roed i'w dwyrudd hithau.

Myn yr oenig fron i'w sugno,
Myn awenydd gân i'w henfro,
Myn y gwlatgar lwydd i'w famwlad,
Mynnaf innau garu 'nghariad.

1963

Tribannau'r byd sydd ohoni

Mae'r gwynt yn cribo'r brynie,
Mae'r gwynt yn cnoi'r coedlanne,
Ond gore gwynt, waeth ble fo'i hynt,
Yw'r gwynt sy'n troi'r meline.

★   ★   ★

'Bedd angof yw Cwm Rhondda,'
Medd Dai, 'fe ddarfu'r lofa.
Yn hwtian oer y gwdihŵ
Daw rhwd i fwyta'r dramia.'

★   ★   ★

Beth ddaeth o'r plismon dethe
Fu'n prowlan hyd y pentre?
Mae lladron beiddgar ym mhob plwy
Sy'n fwy na siŵr o'u pethe.

★   ★   ★

Mae dŵr yn Llyn Efyrnwy,
Mae dŵr yn afon Llugwy,
Mae dŵr y tap wrth law o hyd
A hwnnw'n ddrud ofnadwy.

★   ★   ★

Roedd pres yn llaw Dai'r Twrne,
A'i gwch yn rhwygo'r tonne,
Ond pan ddôi ple o'r Trydydd Byd
Roedd e o hyd yn eisie.

★   ★   ★

Aeth Merched Beca'n ango',
Y Gwylliaid Coch sy'n huno,
Ond mae Rhys Gethin, ar fy llw,
Yn enw sydd yn fflamio.

★   ★   ★

Mae'r olew fel crafange
Yn cydio yn y creigie,
A mulfrain brych, glöynnau'r don,
Yn feirwon ar y traethe.

*   *   *

Pan af, yn swp diegni,
O'r byd sy'n dal i droelli,
Bydd eto flode ar y drain
A rhywrai'n hau a medi.

1993

Y Cleddyf

Draw o wain y dwyreinwynt
Y daw gwân y bidog-wynt.
Rhed ei gledd ar hyd y glyn
A gwynliw iâ'n ei ganlyn.
'E dyr awch ar dir uchel,
Hoga wae ble bynnag êl.
Rhwyga o goed frigau gant;
Yn un giwed y gwywant
O dan lach sydyn ei lafn,
A disgyn yn gnwd ysgafn.
Dyry frathiad i'r cadarn,
A daw gwaed o hyd i'w garn.

Ond daw'n ôl ias gorfoledd
Wedi gloes y dulwyd gledd,
A daw llaw o'r gorllewin
I doi'r llawr â heulwawr hin;
Deil ei nwyf, dilea nerth
Y gwynt ym mrig ei anterth,
A gynnau pert y gwanwyn
Yn annerch llannerch a llwyn.

1964

Cyfarchion o'r Maen Llog

(Cyhoeddi Eisteddfod Genedlaethol Nedd a'r Cyffiniau, 3 Gorffennaf 1993)

Tra bo ton yn afon Nedd
Ni thau rhodau brwdfrydedd
Y wlad hon; mae'i galwad hi
O lôn i lwyn eleni.
Hon yw bro arlwyo'r wledd,
Hi yw haul ein gorfoledd.

Y mae arial i'r alwad
A ddaw'n hyglyw i glyw gwlad;
Y tir hwn yw llety'r Ŵyl,
Ei haf yw gwestai'r Brifwyl.
Onid ffynnon digonedd
Yw'r enllyn sy'n Nyffryn Nedd?

Mae hanes mewn camlesi,
Y lonydd llonydd eu lli,
A daw haid hwyaid y dŵr
Hyd y gwenyg digynnwr'
A'u hwyliau'n llawn nawn o haf
Yn nŵr yr afon araf.

Mae yma sawr hen fawredd
Ar riniog Mynachlog Nedd;
Yma gynt bu fflam y gân
A neuaddau byw diddan,
Clod a bri yn corddi cerdd,
Ancwyn ar fyrddau'r pencerdd,
A iaith hoyw englyn a thant
Yn diwallu diwylliant.
Enaid a llais doeau llon
Yw llys yr Abad Lleision.

Gêm rygbi yn asbri'r *Gnoll*,
Am ei wŷr rwy'n ymorol;
Pêl hirgron yn gwreichioni
Ar y maes sy'n wefr i mi,
Maes hyglod hen draddodiad
Cryfion a glewion ein gwlad:

    y sgrym yn clymu'n rymus . . .
    y lein yn chwalu fel us . . .
    cic gyfewin o'r llinell . . .
    troelli . . . fel milgi . . . ymhell
    o afael breichiau hyfedr
    arwyr y maes, mawr eu medr . . .
    taclo'n egr a herio'n hy . . .
    moelyd . . . a'r sgrym yn malu . . .
    llorio . . . cicio . . . pasio . . . cais . . .
    bonllef wynebau unllais . . .

Goreugwyr gwâr pob chwarae,
Pa wŷr fel campwyr y cae?

Fe ddeil y purfeydd olew
Yn y tir, a thorchau tew
O fwg uwch staciau'r gweithfâu
Yw eu halog gymylau;
Y noe sy'n corddi'r nwyon
Yw tir yr eisteddfod hon;
Y tir lle mae'r tafod tân
Yn chwythu ei lwch weithian
Yw'r fro sydd yn hulio'r Ŵyl
A rhoi afiaith i'r Brifwyl.
Y pair hwn sy'n puro'r iaith
A rhoi ynni i'r heriaith.

Y mae ton yn afon Nedd
A'i hawdl yn un huodledd;
Mae'n awdl gyfoes, a'i chroeso
Yn goresgyn bryn a bro.
A heddiw daw'r gwahoddiad
I Ŵyl Awst ireiddio'r wlad.
Ni wêl hon mewn hinon ha'
Ail i hud Pentreclwyda.
Ar y maes miri a'i medd
A diwylliant ei hallwedd.

1993

Wrth Gofgolofn Dewi Emrys

Dwndwr y dŵr ar greigiau Pwllderi,
Ail udo helgwn ar ffald y weilgi,
Cythrel ym mron yr heli — yn troi'r don
Yn drochion gwynion yn ei ddrygioni.

Y mae hen adlais a min huodledd
Dewin y gair ar wndwn y garwedd,
A daw'r Fforddolyn a'i fydrau'n unwedd
Â sŵn y dyfnfor sy'n taro'r tirwedd;
Dychwelyd o'i alltudedd — parth â'r fro
Eto i forio ar don ei fawredd.

Ar ei fin y mae cân y drycinoedd,
O bair ei gynnwr' daw berw'r aberoedd;
Mae angerdd ei gerdd ar goedd — yn dwf ir
Ar dir y frodir — fy arwr ydoedd.

1994

Cwm-hir

Bro o garneddi lle bu gweddïau,
Bro a'i henaid yng nghwlwm y bryniau;
Abaty'r adfail, wrth droedio'r seiliau
Uwch hun Llywelyn daw'r nos yn olau;
Mae her tu fewn i'r muriau — i'n hoes syn
I yrru'r gelyn o'r hen rigolau.

1992

Ym Mynwent Aber-fan

Mynwent o drallod fel gardd o flodau
A stori'r tristyd hyd y beddrodau
Sy'n wayw ynof ar lawnt y cofio
Yn erw Duw; pan fo'r dorch yn gwywo
Mae'r blodau'n y beddau bach, — O! blant mwyn,
Oll yn eu swyn mewn gwanwyn amgenach.

1994

Tir Na N-og

O! f'annwyl, haf o hinon — yw dy fryd,
  Cân dy fron sy'n dirion;
 Awn ein dau yn sŵn y dôn
 I nefoedd ein hatgofion.

Daw fflach lachar y machlud — â'i heurwe
  At farian y foryd,
 A dau ifanc rhwng deufyd
 Yn si'r hwyr sy'n croesi'r rhyd.

Dau enaid yn cofleidio — uwch y bae,
  Llach y byd yn ango';
 Ecoau cain yn y co'
 Yw swyn dechreunos yno.

Gwyn yw helgwn y weilgi — a'r ewyn
  Ar ro yn gwreichioni;
 Ton o ufel yr heli
 Ydyw gwres ein hanwes ni.

Egwyl wrth droed y clogwyn, — a dolen
  Ein dwylo fel cadwyn,
 Clamp o gusan, a'r gwanwyn
 Yn lliwio'r môr er ein mwyn!

Lliw swnd a llais y wendon, — hud yr hwyr
  Ar draeth ein breuddwydion,
 A gwrid haul wrth wagru ton
 Ddiogela ddwy galon.

Mentro drwy gylch y fodrwy — i fyd gwell,
  I fyd gwyn ein tramwy,
 Ac aur mâl ein geiriau mwy
 A dyf yn gyfoeth deufwy.

Duw o'i fodd droes ein cyd-fyw — yn gariad,
   Ac yn gaer rhag distryw,
  A beunydd yn llaw benyw
  Rwy'n diolch, diolch i'm Duw.

1993

Englynion

Y NADOLIG

Ai gogoniant y Geni — a gedwir
    Ar goeden y festri,
   Ai Mair a ddug ein miri,
   Ai'r Seren yw'n hangen ni?

Y NADOLIG

Ei gariad oedd beichiog wyry, — ei ras
    Oedd preseb yr Iesu:
   Y Fair oedd ein hyfory
   A'i bŵer Ef yn ei bru.

AR GERDYN NADOLIG

Chwilio'r tinsel a'r celyn, — chwilio'r wledd,
    Chwilio'r wlad i'w therfyn,
   Oedi mewn penbleth wedyn:
   Eisiau gweld yr Iesu Gwyn.

FY MRO

Mawnog y Mabinogi, — hanesion
    Oesau sy'n ei meini;
   Gorau llwyth ei thylwyth hi;
   Oes ail i fro'r Preseli?

HIRAETH AM FRO'R PRESELI
(Ar ymweliad â dinas Caerdydd)

Erwau mud o rostir maith; — heno af
    Yn ôl tua'r dalaith,
   I fro'r brwyn, a dwyn y daith
   I hawlio o'u nef eilwaith.

DILWYN EDWARDS
(Arweinydd cyngherddau a nosweithiau llawen)

Daliwr y dorf yw Dilwyn; — ei afiaith
   Ar lwyfan sy'n ennyn
  Hiwmor bro i danio dyn,
  A'i naws ym mhob hanesyn.

GWEINIDOG
*(Cyflwynedig i'r Parchedig D. Gerald Jones ar ddathlu
ohono 25 mlynedd yn y Weinidogaeth)*

Troes o Horeb ei febyd — a'i gamau
   Yn gymen a diwyd;
  Heb lesgáu, mae'n hau o hyd
  Rin y Gair yn y gweryd.

O, fugail hoff cartrefi gwlad, — mae grym
   Y Groes yn ei alwad;
  Bu'n gannwyll a bu'n gennad
  I ddwyn llu i dŷ ei Dad.

FRONLAS

Hynafol drum Garn Afar — a heria'r
   Tymhorau distrywgar,
  A thyf hen hwsmonaeth wâr
  Ar y bronnydd a'r braenar.

YN ANGLADD MAM

Rhoi mwynder dan do'r gweryd, — a mam dda
   Ym medd oer ein tristyd;
  O Dad, rwyf yn dywedyd,
  Hon o bawb sy'n wyn ei byd.

Y Sylfaenydd

(Cyflwynwyd ar ffurf sgrôl yn Llanuwchllyn adeg
dathlu 50 mlynedd sefydlu Urdd Gobaith Cymru)

I ŵr blaengar yr Aran — rhoddwn ŵyl,
    Rhoddwn win ein mawlgan;
  A rhoi o hyd fydd ein rhan —
  Iaith ac afiaith Syr Ifan.

Eisteddfod (Ieuenctid) Maenclochog

Mae llain ir mewn gweundir gwyw, — ym mro'r hesg
    Mae'r Gymraeg yn hyglyw;
  Had ein talentau ydyw
  A thyfiant diwylliant yw.

Blaen-wern

(Ar achlysur dadorchuddio cofeb i William Penfro Rowlands,
awdur yr emyn-dôn 'Blaen-wern', wrth ymyl ei hen gartref.)

Ger Dan y Coed rwy'n oedi, — henfro'r gwŷdd
    A'r gân sy'n telori,
  A daw ias ei nodau hi
  O'r dail i'n hysbrydoli.

Buddugoliaeth y Preseli

Hen gaer y bryniau gerwin — a heriodd
    Fwlturiaid yr heldrin;
  Caer o hedd yw'r llethrau crin,
  Hi faeddodd rym Y Fyddin.

ADDURN YR ŴYL

Coeliwch, mae brigau'r celyn — hyd y wal
   Fel dwylo'n ymestyn
   Tua phreseb y Mebyn;
   Dwylo cau ein 'Dolig gwyn!

GWALLT

'E gwyd yn addurnol gudyn — a myn
   Doi pen moel y plentyn,
   Ond braw! pan ddaw yn hen ddyn
   Ei ado a wna wedyn.

GWALLT

Rhoed nos ddi-sêr ar ben Eric — a gwawr
   Gwaed ar gorun Ffredric,
   Aur yr hydre' i Rodric,
   Ewyn y don ar ben Dic.

CRWBAN

Daeth i ben ei daith boenus, — a huno
   Wnâi'r geinach esgeulus;
   Pan ddeffrôdd, rhedodd ar frys;
   A'r stori drist a erys.

GŴR Y COED

Incwm ni roed i fwnci; — ei annedd
   Canghennau y gelli;
   Hagr iawn ydyw'r gŵr heini,
   O'r un ach â Mari ni!

PWYLLGOR

O eistedd mewn siwt gostus — yn y dref,
    I drafod a datrys,
  Rhai call a go ddeallus
  Huda bawb drwy godi bys.

Y WAWR

Llun tân hyd y gwyll yn taenu - awr rhwysg
    Yr esgor o'r fagddu;
  Gwreichion y fflam sy'n llamu
  Yn blygain o'r dwyrain du.

MYNYDDOEDD Y PRESELI

Piau eu hedd? Bro'r copâu — a eilw'r
    Galon o'i doluriau;
  Hyd y fawnog dof innau,
  Yma mae balm i'm bywhau.

I'M PRIOD

Cariad di·feth yw brethyn — ein heinioes,
    Heb anaf na gwyfyn;
  Mae nodwydd pob munudyn
  Yn gwau ein serchiadau'n wyn.

MAIR

Chwilio'r oerfel am wely — i'w bychan
    A'i baich yn ei llethu:
  Troi o'r byd tua'r beudy
  A bore oes yn ei bru.

Tri englyn i'r Parchedig D. Gerald Jones

(Ar ei ymadawiad â Maenclochog i fod yn weinidog Eglwysi Annibynnol cylch Y Trallwng yn y Gororau)

Môr o wlith yw'n bendithion, — ein cyfoeth
   A'n cof yw'r cyfarchion,
  A mawrhad yr henwlad hon
  Ydyw golud y galon.

★   ★   ★

Un ei fynwes â'r fawnog, — ei enaid
   Sy'n un â'r tir creigiog;
  Draw yn nef ei Dir Na N-og
  Ni thau clychau Maenclochog.

★   ★   ★

Â sialens y Preselau — yn ei drem,
   Try ei droed o'r llethrau;
  I'w Grist Gwyn, fe fyn gryfhau
  Her ei Air drwy'r Gororau.

1996

Y Galilead

(Ar achlysur dathlu pedwarcanmlwyddiant cyfieithu'r Beibl)

Pwy daflodd y seren i'w gloywi'n y nos?
   Pwy sathrodd y ffordd â'u camelod?
Pa law a'm tywysodd at rastal yr ych
   I syllu ar wyneb y Duwdod?
Daeth golau i'm henaid, mae 'nghalon yn fflam,
A Duw yn llefaru yn heniaith fy mam.

Sawl orig a dreuliais ar drywydd y Saer
   A'm rhwydodd wrth lyn Galilea?
Sawl ellyll a daflwyd o demel fy nghnawd
   Wrth droi i'w orseddfainc am noddfa?
Cael haul Ei gwmnïaeth, heb wewyr na nam,
A Duw yn llefaru yn heniaith fy mam.

Pa egni a'm gyrrodd at fynydd y Ffydd
   I wrando ar gân y gwynfydau?
Pa broffwyd a'm dysgodd yn anterth Ei ddydd
   I ddiosg y byd o'i ddoluriau?
Dilynaf fy Nghrëwr, heb ofyn paham,
A Duw yn llefaru yn heniaith fy mam.

Pwy rwygodd fy nghalon yn ddarnau o siom
   Wrth rythu ar fryn y Croeshoeliad?
Pwy gerddodd yn droednoeth o wacter y bedd
   I'm cyffwrdd ar awr Ei esgyniad?
Af rhagof yn wrol, achubwyd fy ngham,
A'r Iesu'n llefaru yn heniaith fy mam.

1988

Emyn Dathlu

Diolch iti, Dad yr Oesoedd,
  Am y ffydd a droes yn fflam
Yng nghalonnau'r saint fu'n d'arddel
  Yma ar anturus gam;
Diolch am y rhai fu'n casglu
  Ffrwythau'r cynaeafau ir
Am fod ias yr Atgyfodiad
  Eto'n gyffro yn y tir.

Diolch iti, Dad y Cread,
  Am sylfeini'r demel hon;
Am y rhai fu'n eiriol drosom
  Â gorfoledd dan eu bron;
Diolch am yr hiraeth sanctaidd
  Fu'n eu dwyn i wrando'r Gair,
Ac yn eilio eu hosanna
  Yn genhadaeth dros Fab Mair.

Diolch iti, Dad y Bywyd,
  Am y fflam sy'n dal ynghŷn
Yng ngweddïau'r saint sy'n ymbil
  Eto am Sabothau gwyn;
Dyro iddynt sêl dy fendith,
  Tywys hwy o oes i oes
I wrteithio tir y Winllan
  Yng nghwmpeini Crist y Groes.

1992

Emyn Ymbil

O! Dduw ein Tad, erglyw ein cri,
  Iachawdwr byd, O! achub ni
Ym merw'r oes; mae'r gwaed yn lli
  Ar ddwylo'r lleng ar faes y gad;
Mae sŵn difodiant yn y nef,
  Dyfeisiau dyn sy'n groch eu llef;
O! dwg ni at dy fynwes gref,
  Moes in dy law, O! Dduw ein Tad.

Erglyw ein cri, O! Dduw ein Tad,
  Mae drygau'n dydd yn mygu'n gwlad;
Rho inni'r balm sy'n dwyn iachâd
  Fel awel bêr y salmydd gynt.
Pan fo uchelgais dyn yn fraen
  A'n hetifeddiaeth deg dan staen
Difrodau'r oes, dwg ni ymlaen
  I brofi chwa o'r Nefol Wynt.

O! Dduw ein Tad, erglyw ein cri,
  Mae'r llygredd yn ein mynwes ni;
O! na ddôi'r gwaed o Galfari
  I dreiddio drwy ein bod a'n byw,
Y Gair a hoeliwyd ar y Groes
  Yn ysu'n lân bechodau'n hoes
Gan lwyr lanhau ein ffydd a'n moes
  Er mwyn dy glod, ein Tad a'n Duw.

1994

Cyfyngder
(Mewn tair golygfa)

(1)
Marged Ann ar ffyn baglau bywyd.

Llesg a phendrwm
    fel Heledd doredig ein llên
    a'i chamau yn ymlusgo tua'r gwyll
fu'r daith ddwy-flynedd rhwng y gwely a'r tân.

Brawychu wrth weld ei hwyneb yn y drych
yn we o wythiennau cnotiog
dan farrug o wallt
fel pe bai gwrach lechwraidd yn rhythu arni
drwy balis y mur, a'i dau lygad mawr
yn oer fel y marmor.

Synfyfyrio rhwng effro a chwsg
mewn ynys o gadair freichiau . . .
syllu'n ddagreuol-ofnus ar blât yr arch
yng nghyntedd Siloam
a thrigain a deg o flynyddoedd yn sglein i gyd
dan drem pob llygad awchus.

Brysio yn sŵn yr ymdeithgan
trwy deras y mynor
i archwilio'r plethdorchau amryliw ar bridd y bedd:
    Magi'r Pant wedi dewis pwys digon rhad,
    chwynnu'r daffodiliau ar glawdd yr ardd
    mor ddi-hid â thalu dyled yn y siop;
    Martha Jên wedi codi'r tiwlips o forder y lawnt
    a'u hanwesu bob un fel plentyn yn ei mynwes
    wrth eu plethu yn dusw dolurus ar y bwrdd;
a'r dorf yn ymwahanu drwy glwyd y fynwent
yn gleber a chlecs i gyd.

Deffro yn ddisymwth
i'w chragen o fyd
yng nghynefindra'r gegin
a thramp curiadau'r cloc yn siglo'r distawrwydd
fel petai traed yr Angau yn camu drwy'r munudau gwag
ac arswyd yn sŵn ei gyflymdra.

(2)
Gwibio'n ddyddiol drwy golofnau'r *Mail*,
llygad barcud yn chwilio'r marwolaethau
fel cysgod aderyn corff:

    Dai'r Sa'r wedi mynd.
    Y cyw du cynta' o nyth Penrallt.

    Heglodd i wynfa'r Sowth.

    Penblaenor ei gapel . . .
    Blaidd mewn croen hwrdd.

    Ysbeiliwr ystadau'r meirwon.

    Tenor fel utgorn
    â phres yn ei lais.

    Eilun y cymanfaoedd.

    Bu farw'n ddiymgeledd mewn atig o fflat
    a'i ben yn ei blu.

Roedd saga ym mhob marwolaeth —
y cwest mewn gwaed oer,
pob enaid yn dwt ar y glorian
trwy'r twll yn y llen.

(3)
Hen gyffroadau'n dynfaen yn y cnawd
ar fore Sul,
ei dwylo yn byseddu'r meinciau pîn
yn ale'r dychymyg,
cerdded yn dalsyth i flaensedd y teulu,
gwrando ar ei chyfoedion yn dyblu'r dôn
dan gwrb y cerrig beddau
     'Hedd, wedi'r loes, i dyrfa'r pererinion . . .'
a chwys yr Oen Di-fai ar waliau moelion
yn ernes o'i threftad.

Etifeddes yr oedfaon cydnerth
yn snwffian ei phresenoldeb yn ddi-daw
dan angerdd cryd y weddi
oherwydd
roedd Crist a'i locsyn cwta
yn gwylio'n daer ar risiau'r Drydedd Nef
a chofrestr ar ei ben-glin.

1988

Pentre Ifan

Llonydd yw'r gromlech grwca
dan drem Carn Ingli,
solet ei thraed ar y Parc Cenedlaethol,
a thunelli o ddyfalu ysgolheigaidd
ym mhatrwm y cerrig lluniaidd.

Hon
yw'r hanesydd cyfoes,
tyst
y diwylliant paganaidd,
treflan y meirw hirwallt
fu'n hela'r moelydd a dwyfoli'r haul.

Yr haul croesawgar sydd yn denu'r twristiaid
i fyseddu'r meini llaith
(yn sŵn y teirw dur ar stad Llwyn-gwair
a'r ffrwydron cyfalafol yn y graig)
cyn llithro o'i ddyddgwaith
i wely'r môr
a gado'r nos gyntefig ar y bryniau.

Ie,
mudan yw'r gromlech grwca
dan drem Carn Ingli
wrth ddannod i'n hoes eiddilwch ein llaw.

Cofadail penseiri'r cynfyd.

1972

Glaniad y Ffrancod

Heddiw
nid oes ond unigrwydd carlamus y gwynt
yn cyffwrdd â phentir Strymbl,
gwylan gyfeiliorn yn ffoi i Garn Fowr
a'r môr yn fflangellu'r creigiau.

Mae unigrwydd yn byw mewn lleoedd anghyfannedd.

Eto,
mae maen unionsyth ar fanc Carreg Wastad
fel milwr yn gwarchod hen gof.

Ar oledd Pen-caer
mae byrnwr safn-lydan yn llawcio'r ystodau cymen
yng nghryndod y tes,
bysedd blaenllym y ffyrch yn crafangu'r silwair,
a'r hydref yn hisian yn nannedd y dyrnwr medi.

Do,
diddymwyd yr ysguboriau cymdogol,
cartrefi'r offer tringar —
y picffyrch a'r pladuriau a fu'n herio
bwledi'r fyddin chwil.

Ond
stopiodd amser yng nghegin fawr Brist-garn;
mae rhywun o hyd fel ysbryd rhwng y celfi
yn tynnu'r cadach cwyr dros war y cloc
sy'n tician yn ei unfan
a thwll y fwled wallgo' ar ei frest
yn ddweud i gyd.

Ie,
estroniaid yw hil Llanwnda;
ni chredant fod gwrhydri'r siolau cochion
yn ddim
ond brodwaith o fytholeg Abergwaun.

Na,
ni ddaw Jemeima ddewr drwy gwrb y bedd
i'w dychryn hwy yn lolfa'r Royal Oak,
a rhamant y cytundeb anghredadwy
sy'n gwelwi ar y bwrdd.

Gwyddant
na fedr castiau'r cwrw hanesyddol
a loriodd fyddin Têt ar ros Caer-lem
eu trechu hwy.
A suddant i Afallon mwg sigâr.

Mae'n wir
nad oes ond ysgarmes y gwynt ar bentir Strymbl
a'r môr yn fflangellu'r creigiau,
ond
mae'r dychymyg weithiau'n gweld Garn Folch
yn fyw o filwyr meddw yn yr haul
a'u gynnau'n mygu braw.

1972

Ffred

Fe'th welaf fel brân yn nythu ar fast Pentregalar.

Oedd rhaid iti ddringo mor beryglus o uchel
i dŵr y goleuadau, a'r nos
sy'n ffitio mor esmwyth â helmet plismon
ar gopaon y bryniau,
a derbyn ar dy wyneb yr awel herfeiddiol?

Dyfal fu'r aros y tu hwnt i'r ddaear
yn cwmnïa â'r gwynt ymladdgar
fu'n gaeafu dy ruddiau
ac yn ongli dy ên.

Diffoddwyd y nos.
A chynheswyd min y mynyddwynt.
Daeth haul Gorffennaf i drosglwyddo'r wawr
dros drum Foel Dyrch . . .

Islaw dy safiad uchel, mae darn o Gymru,
a gwartheg boldew yn cnoi cil eu mwynhad,
peiriannau trystfawr yn danheddu'r gweirgloddiau
ac ystodau o rygwair yn torheulo'n braf.

Weithion rwy'n syn, wrth syllu tua'r gorwel
a'th weld o hyd ar y meingorff talgryf draw
yn puro dy weledigaeth yn yr awel flaenllym,
cyn disgyn yn ôl i blith y bwystfilod a'r baw.

1971

Ceidwaid y Bryniau

Mae'r cewri gwargam ar rimynnau'r gorwel
yn dal eu pennau pigfain yng nglas y nef,
a'r nos yn clwydo
ar eu hysgwyddau cyhyrog.

Ymrithiant yn ddiysgog drwy borth y cof,
y cewri o gnawd a godwyd o'r gramen grin . . .

Y proffwyd llednais fu'n herio'r bwystfil dur
wrth fur cymdogol Foel Drigarn a Charn Gyfrwy.
Gohebydd yr haul a'r creigiau,
lladmerydd brawdoliaeth y clos,
a bwrlwm ei weledigaeth fel ffynnon bur
yn sobri hil y llethrau,
cyn llithro'n dalp o fwynder Mai i bridd Blaenconin,
a gado'r dail ymlyngar ar y pren.

A'r bugail cefngrwm o Fynachlog-ddu,
urddas y weinidogaeth o'i het i'w sawdl
a llafn ar ei fin.
Beca'r seiadau gwlatgar
yn ysgymuno'r brenin yn oedfa'r cymun
a tharo'r cyrnoliaid steipiog â chwip y Gair
cyn plygu i wŷs y Brenin Mawr,
ac ildio'i olaf gam
i'r deufin coch o bridd ym mynwent Bethel.

A'r pymtheg stôn o hiwmor Bethesda,
yswain y pulpud Cymraeg,
ac eira pedwar ugain gaeaf yn ei wallt
yn toddi'n ddiferion o chwerthin dros ei fochau.
Ysgytiwr y cynulleidfaoedd mawr
a chymeriadau ei bregethau cartwnaidd
yn toddi bywyn y calonnau gwenithfaen;
cyn gadael ei enaid yn nwylo'r dorf
i'w wasgar ar fronnydd y gwynt.

Safant yn ddiysgog ym mhorth y cof —
y cewri o gnawd a gododd o'r gramen grin
i lorio duwiau'r fall ar ros Brynberian
a chipio eu treftad
o safn y cŵn.

1973

'Nhad

Ef oedd yr haul ar fryn yn ein cartre ni.
Eisteddai gyda'i bapur fin nos wrth y tân
fel pe bai'n dianc o flinderau'r dydd
i hedd ei gadair freichiau.

Pesychiad, a suddo
i fyd o fwynhad.

Darllenwr hyd fêr ei esgyrn
yn pwyso a mesur y seneddwyr sy'n damsang
ar gyrn ei gilydd; ac ymgolli mewn hanesion mân
wedi eu cribinio'n fanwl o'r colofnau.

'Oes rhywbeth o bwys 'na heddi?' meddwn i
o'r fainc gyferbyn, i dorri'r llonyddwch mawr
oedd yn goferu rhyngom.

Codi'i ben.
Dau lygad siarp yn neidio at ei sbectol.
Rhythu heb ddweud dim.
A throi drachefn i ddilyn y brawddegau
fesul un —
fel y bu yn rhacanu'r gwair ar weirglodd Y Garreg Wen
dan haul ei fabinogi,
a thynnu pob gweiryn yn dynn at yr ystod.

Yn sydyn, fel un yn dihuno o drymgwsg hir
edrychai arnaf,
plygu'r tudalennau'n ôl yn gymen-ofalus.

'Wyt ti'n gwybod be'?'

Llifai'r newyddion o'i geg fel nant fyrlymog;
honno'n cronni weithiau, a'r haul yn llachar ar y dŵr,
cyn rhuthro eilwaith i olchi llaid y ceulannau.

Adolygu . . . cloriannu . . . gwyntyllu . . .
â chrib fân
cyn taflu'i sbectol yn ôl ar liain y bwrdd
fel pe bai wedi gorffen dyddgwaith caled.

Ef oedd yr ennaint ar y briw
a'r anadl yn ysgyfaint ein cartre ni.

⋆   ⋆   ⋆

Pensaer pob trefniant.
Y gamster ar dendio'r tân.
Pentwr o fflamau pigfain yn cofleidio'r barrau
hyd yr oriau mân.
Bwced a gefel yn ei ddwylo
yn wyrth o weithred.

'Oes 'da chi bwll glo yn y simdde, Tomos?'
meddai cymydog cellweirus
a'i dalcen yn domen chwys.

Lledai'r haul dros ei wyneb,
proc gelfydd i'r goelcerth,
y fflamau'n dawnsio'n wallgo' yn y grât
a thaflu eu cysgodion ar ei wedd

fel gofidiau'n crynhoi:

    dilyn arch fy mrawd bach
        a'r fynwent yn ddu o alar . . .
    wylo ar wely ei waeledd . . .
    cwffio â storm o eira
        i dynnu defaid marw o'r lluwchfeydd . . .
    dihiryn o afiechyd yn dynn wrth ei sawdl . . .

Roedd y cwbl yng nghil ei lygaid
yn dawnsio'n y grât;
ond daliodd ei afael ar denynnau'r storm
hyd yr eithaf.

Roedd ei enaid fel folcano ar dân dros ein teulu ni.

⋆   ⋆   ⋆

Difyrrwr gwesteion yr aelwyd.
Ei wyneb yn wên i gyd, heb lawer i'w ddweud ar y dechrau,
fel injan yn twymo'i pherfedd cyn chwythu stêm.
Eistedd wrth y bwrdd a'r awenau yn ei ddwylo.
Gadael i Mam hulio te, ac arllwys o'i fynwes
gyfrolau o hanesion 'slawer dydd
yn feddwol-felys
fel blas y cwrw cartre ar faes cynhaea' gwair
pan oedd y dydd yn llwythog o storiâu.

Y llenor llafar
a'i hwyliau ar led
yn gellwair ac yn ddagrau bob yn ail;
    sglein ar gymeriadau,
    llinyn mesur ar bregethau,
a chadw ynghudd dan ei barabl
y cnaf fu'n bwyta'i anadl
hyd yr eiliad ola'.

'Diolch am alw. Dewch 'to.'
Codi llaw angerddol wrth y drws
a'i lygaid yn ferw o hiraeth.

⋆   ⋆   ⋆

O! gwyn ei fyd yr enaid a ddihangodd ar adenydd y wawr
heb adael dim ar ei ôl ond burgyn oer,
y tarth yn ymddatod yn garpiau ar y dolydd
a'r gwlith yn foddfa o ddisgleirdeb yn y gwair.

Ac oherwydd iddo fynd heb ddweud ffarwél
onid ei bresenoldeb ef sy'n yr anwel
o gwmpas ein cartre ni, a'i lais yn ysgytwol o agos
wrth holi am ei bapur a'r tân mawr?

1994

Y Rhod

'History is a cyclic poem written by time upon the memories of man.' (Shelley)

Y RHOD

Â rhod yr awen ar echel fy nghof
oedaf wrth afon f'angerdd
sy'n cronni'n llyn o fyfyrdod llonydd
ar weun Blaen-wern,
cyn disgyn yn rhaeadr o emosiynau
i lenwi'r llwyau â syniadau chwyrn
a throelli'n gyffroadau yn nwfn yr ymwybod.

Mae'r llwyau'n troi
o dan bwysau'r dŵr
cyntefig o seleri'r bryniau,
sy'n dianc heibio i dalcen y Felin Wen
yn ôl at afon f'angerdd,
a thonnau amser yn llyfnhau'r profiadau
mor gaboledig â'r cerrig ar wely'r ffrwd.

Rhewyn fy nghrebwyll i
sy'n troi a throi yn llwyau'r rhod
yn ewyn o ysgogiadau.

FOEL DRIGARN

Mae hanes yn llach y meinwynt
sy'n cyniwair drwy'r rhoswair a'r hesg;
hen, hen yw caethiwed yr hil.

Dyn cyntefig Foel Drigarn
a'r haul yng nghyffro ei waed,
yr oerwynt yn cwafrio'i hirwallt
a chroen hydd o fynydd ei helfâu
yn dynn amdano,
wrth herio min y drycinoedd
a bwrw i'w hynt ar drywydd ei brae.

Rhoed hyd ei fywyd wrth linyn ei fwa,
ei sêl yn ei saeth,
a dichell y bicell anorfod yn ei balf.

Yn ei gorff
roedd anian
y baedd gwyllt.

Drwy hirdwf y corsydd ar drywydd ei droed
dôi'r angau ifanc a'i grafanc gref
i'w hawlio o ogof ei aelwyd
yn henwr gwan yn ei gynnar ugeiniau
a'i ado i farw ar ryw gomin di-fedd.

A'r cigfrain uwch ei gelain
yn mwynhau ei gig!

Dyn cyntefig Foel Drigarn,
hen a dewr ei gaethglud o
yn nwfn hen annwfn ein hil.
A byw yn ddolennau o boen.

Heno, ar lafn o fynydd,
daw ias y cynfyd fel ysbryd o'r waun,
y crythor o henfro'r hesg
sy'n eilio'i gân ar sianel y gwynt,
a'n doe dan haen o dywyrch.

TYDDEWI

Y lleian mewn cnawd o farmor,
pwy fu'n halogi dy ddiweirdeb di
ar wely myth Glyn Rhosin,
cyn codi muriau'r Ffydd yng Nghapel Non?
Yn nghwfaint y graig,
dy wyneb sy'n welwlwyd fel yr Angau dywedwst,
y baban hanesyddol yng nghwlwm dy freichiau,
a'th lygaid marw yn rhythu drwy blygion amser.

A weli-di bererinion yr haul
yn plygu glin dwristaidd wrth ddŵr y ffynnon
a'i bwrlwm o ramant byw,
yn igam-ogamu rhwng y blodau bythgoch
sy'n glystyrau ar hyd y droedffordd,
fel dafnau o waed merthyron y Gred;
a'r morloi'n ymdrochi
ym maddon Porth Clais?

Y lleian mewn cnawd o farmor,
a wyddost-ti gyfrinachau'r eryr balch
sy'n nythu ar faes Breudeth,
y goleuadau sy'n fflachio negeseuon,
yr awyrennau sy'n llamu fel angenfilod
o welyau moel y rhedffyrdd,
y daran arbrofol sy'n parlysu ein ffydd?

A weli-di'r heffer ar lain Llan-lwy
yn gwrcwd o fraw,
ei chorff fel megin frithliw wrth fôn y gwrych
a'i gweflau'n wyn gan ewyn yr erthylu?

Y lleian mewn cnawd o farmor,
a glywi-di gnul y Cymun Bendigaid
ar aelwyd y llith a'r emyn,
a'r cennad cyfoes yn ei grysbais wen
yn hulio gras
y ddinas nad yw o ddynion?

CASTELL MARTIN

Anghenfil o fwg llwydlas yn esgyn o'r creigiau,
targedau briw yn gwichial ar y rhos,
cnud o danciau yn ymlusgo drwy'r crawcwellt
a safn y gynnau yn glafoerio tân.

Mae milwyr prentisaidd yn Almaenio'r arfordir
ar drothwy Castell Penfro.

Yn nyddiau'r chwarae mig â chledd a bwa
daeth wythpwys o fywyd i sgrechian rhwng y muriau hyn.
Plentyn maeth ein Llydaw anghofiedig.

O nyth ei alltudiaeth
dychwelodd fel eryr ar adain ei wanc
drwy gyntedd culfor Cleddau,
y saeth o arfaeth hen Dŷ Caerhirfryn,
a thân yn ei ddyhead.

Ryfelwr â nwyd blaidd.
Cipiaist y goron o'r drain yn anialwch Bosworth,
hedfanodd y ddraig uwch dy ben tua'r tŵr yn Llundain;
paid â hidio, Harri bach, fod dy enw'n ddrewdod
i'r rhai na phrofasant yr oes a'i rhosynnau o waed.

Y teyrn o anian eryr.
Gadawn dy fab yn siambr ei briodasau
a'th urddo'n frenin ar bedestal ein tras;
llachar dy fraich, a'r dydd yn wyll o anhrefn,
y trydan o gyff Cymreig.

Heddiw
mae newydd-ddyfodiaid ar y rhosydd tân,
chwe throedfedd o asbri Almaenaidd,
pythefnos o anturiaeth mewn cadwisg lwyd,
a fflam deunawmlwydd yn eu llygaid balch
yn rhythu ar dŵr y castell.

Eto
tu hwnt i Lam yr Heliwr yn y graig
a'r barfwellt sy'n britho gan henaint ar ddiwedd haf
mae ffermwyr bro Stacpŵl
yn bodio'r aur yn safn y dyrnwr medi
a sugno'r cyfoeth gwyn o bwrs y fuwch.

LLANGLOFFAN

Defosiynol yw dy drem ar fur y festri,
y carcharor mewn ffrâm o aur,
a'th lygaid tanbaid yn treiddio i'n cydwybod.
Llygaid pengarddwr ein llên,
fu'n trin yr adnodau yn Eden a Gethsemane,
a chwynnu'r tafodieithoedd â'i fysedd glân.

Tybed
a fu dewin y gwynt yn cyrlio dy locsyn
wrth iti gamu o labordy'r Gair
i nithio'r Duwdod yn dy bulpud tlawd
ar fore Sul,
a mwytho'r defaid strae yn Llanrhaeadr-ym-Mochnant?
Y dewin o wynt dihafal
a luchiodd y llynges Babyddol yn ôl i Sbaen
a chymell y tonnau i chwerthin uwchben ei lanast.

Nid nepell o'th drem esgobaidd
mae'r lleidr unfraich yn pocedu'r cyflogau
ym mar y Ceffyl Du.
O! daliwn ein cydwybod o flaen dy lygaid,
y diwygiwr mewn ffrâm o aur.

EFAIL-WEN

Fendigeidfran y bryniau
yn marchogaeth dy geffyl disymud ar y golofn,
dy fwyell yn hollti'r awyr,
chwys dy farch yn arogl yn ein ffroenau,
a gwreichion o ddicter yn clecian o'r pedolau
yng nghaethiwed y maen.

Ond deui o hyd ar donfedd y dychymyg
fel ysbryd drwy'r llwyni drain,
y ddwylath o ddewrder sy'n llamu i fin y ffordd,
dy wyneb yn galed fel gwenithfaen y bryniau,
a'th drem unllygeidiog yn fflach o fenter.

Distaw yw'r gofeb dalsyth,
distaw fel dioddefaint hil y llechweddau
yn nyddiau'r glwyd drachwantus,
cyn i'r senedd gyfrin ar fuarth Glynsaithmaen
dy ddilyn i'r Efail-wen,
a mawn y corsydd ar dân yn eu gwythiennau.

Mae d'enw yn gyffro o hyd,
. . . penpaffiwr Ffair Feugan,
. . . pencantwr Bethel,
a'th geffyl gwyn yn gweryru'n benuchel
uwch fflamau hud y tollty
yn llyfr lloffion plant Ysgol Beca.

Fendigeidfran y bryniau,
a weli-di Dafi'r Cnwc wrth glwyd y modurdy
fel mudan wrth lyw ei fodur,
crocbris Esso ar y polyn dideimlad
yn guwch yn ei lygaid
a'r briffordd lydan yn gwahodd ei freuddwydion?

A weli-di Mari'r Llain ar fore Sadwrn
yn mentro tua'r siop,
y plant fel c'nawon cynhyrfus wrth ei sodlau,
a'r hen Samariad y tu ôl i'r cownter
yn dodi cynffon wrth y bil?

A weli-di'r llwynogod sy'n ymgynnull gyda'r nos
ar sgrîn cartrefi'r llethrau,
rhathell toriadau yn eu cyfarth cïaidd;
a'r gweithwyr segur yn tindroi ar sgwâr Llangolman
fel hwyaid mewn llyn lleidiog
heb le i ffoi?

Hen, hen yw'r caethiwed
sy'n gludio fel y gwawn wrth wlith y bore,
sy'n cuddio fel bwganod y tu ôl i'r creigiau,
sy'n llosgi yn eurdorch y machlud,
ac yn hymian yng nghân gyntefig Cleddau Ddu.

Fendigeidfran y bryniau,
mae sibrwd ar dafodau cudd y gwynt
o'r Witwg i Garnabwth;
mae ynni dy waed yng ngwythiennau dy hil;
mae Beca yn fflam yn eu cof.

PENTRE IFAN

Carcas o ffermdy yn madru'n y tes
a llwyth o Gaer-wynt . . .
hirwallt a noethlymun fel yr hil gyntefig
yn torheulo gyda'r rhoncwellt tal
mewn mynwent o fuarth.

Dros gulffordd ddilaswellt y defaid tac
daw henwr yn rhwyd ei fyfyrdod
i agor clwyd ei atgofion ym mwlch y ffald,
a'i lygaid yn gronfeydd o syndod.

Alltud y cefnennau gwargam,
dehonglwr cymeriad y caeau yn ei ddydd,
heno
yn mwyara unigrwydd ar gorclawdd y rhos
a'i gof yn gyfrol o gwestiynau.

Mae gylfin y pistyll bach
fu'n poeri dŵr i'r hwyaid?
Mae'r gweithwyr breichnoeth a'u chwys yn arogl haf
yn annos eu gweision colerwyn i lenwi'r lloc,
a maddau i'r haul pwdlyd uwch ystodau o rygwair?
Mae'r heffrod gwallgof a'u cynffonnau'n yr awyr
yn dianc rhag sbardunau'r gwenyn meirch
i rewgell yr afon,
a gwario'r pnawn fel delwau yn y dŵr?

Acw, mae'r hipis meingorff
yn codi fel hwyaid gwylltion o frwyn y clos
i gloddio hanes ar silff y llyfrgell deithiol,
a'u hwynebau yn fwrlwm o chwilfrydedd.

Mae cwymp yr haul yn gandryll ar y gorwel,
a meudwy o lwynog yn cipial o gaerau'r garn
i gyfarch y gwyll.

Dieithryn yn ei gynefin,
a thân ei bib fel cannwyll gorff
yn dianc drwy'r nos.

YNOM Y MAE

Ynom mae'r rhod
sy'n dilyn gorwelion amser,
sy'n ymgordeddu'n fyth a hanes
yng nghylchdro'r cof.

Gwrandawn ar y dŵr
yn treiglo'r beddfeini ym mynwentydd y cynfyd
a darganfod yr heliwr cignoeth
sy'n llechu'n y cnawd.

Yng nghanhwyllau ein llygaid
mae haul y Groes,
hen waddol o oes y seintiau,
yn dallu fflach y picellau niwcliar
â phelydr ein ffydd.

Ynom mae cyhyrau'r genedl
yn llwyth o gymhlethdodau,
a chalon gallestr yn miniogi'r ewyllys
i herio trais.

Yn stafell ein byw cysurus
mae ynni'r diwygiwr yn gwresogi'r gwaed,
a'i gnoc ar ddrws ein cydwybod
yn deffro'r ysfa i gyflwyno'r Tad
i genhedlaeth enllibus;
a gwagru'r grawn â'i ddwylo ysgolheigaidd
ym mridfa'r iaith.

Ynom mae'r gwrthryfelwr,
gonestrwydd cynhenid y pridd,
hyder chwilboeth y gwanwyn,
pan fo'r nerfau ar linyn
i drywanu
gormeswr ein haelwyd glòs,
a chwalu'n deilchion yng nghynllwynfa'r nos
efynnau annheg y gyfraith.

Yng nghynnwrf ein hesgyrn
ymdeimlwn â chymhellion di-droi'n-ôl
y crwydryn aflonydd
sy'n dychwelyd yn ysbeidiol ar lwybrau ei reddf
i feysydd coll y genedl;
yr hiraeth am ailblentyndod.

Ynom ni mae rhuddin y canrifoedd
a llifeiriant mympwyon gwyllt
yn troelli'n egnïadau
ar echel y rhod.

1981-1982

Dunblane

Erthylwch! famau'r farn,
  Mae'r byd yn gandryll;
Y plant â'u hwyliau'n llawn
  Ar lwybr yr ellyll.

Ffantom o'r fforest erch
  Dan groen y bwystfil,
A gwŷn y lloerig dall
  Yn fflam ei faril.

Blodau o faes yr haul
  Yn gyrff dieisiau,
A chwlwm teulu dyn
  Yn gwlwm angau.

1996

Tom

(Ceffyl gwedd ar fferm Carnhuan,
Eglwyswrw)

Unig dan drem y bryniau
Y safai Tom, a thynhau
Ei gyhyrau'n yr harnes
Ar y ffald, y byclau pres
Fel medalau'n disgleirio
Ar ledrwaith ei dindres o,
A thres hir o gadish coch
Dros ei fyrflew gwineugoch.
Onid cof am hen fawredd
Oes a fu yw'r ceffyl gwedd?

Yn ei osgo benuchel,
Tyndra'r dorf sy'n tanio'i sêl,
Darn o rwysg wrth y llidiart,
Echdoe'r hil rhwng siafftiau'r cart,
Edwyn dwc yr awenau,
Ei gamp ef yw ufuddhau,
Ei garnau yn ceibio'r gro
A'i gorff chwyslyd yn gyffro.

Hen olyniaeth ei linach
A hen waed parhad ei ach.

Y mae'n un â'r moelydd mud,
Mae'n un â'r ddaear hefyd.
Onid ei hynafiaid o
Fu'n troi'r gors yn dir cnydio?
Tynnu'r og ar lethrau'r fron,
Hau ceirch hyd ei hymylon,
Dwyn yr aradr drwy'r oerwynt,
A dwyn ŷd o leiniau'r gwynt.
Cynheiliaid hen grefft y maes,
Cewri'r cadwyni hirllaes.

Â thorf frwd yn ei ddisgwyl,
I lenwi'r gert ar ddydd gŵyl,
Y mae'n derbyn pob sialens,
Cwyd ei ben dros ganllaw'r ffens;
Strapiau'n dynn am ei bedrain,
A'i holl gorff yn tynnu'r tshain,
Sathru'r lôn â'i facsau gwyn
A'r gambo yn ei ddilyn.

Dwyn llwyth ar ôl llwyth i'r cae,
Cael y plantos i chwarae
Â'i rawn hir wrth iet y clos,
Cael y dyrfa i aros
I'w edmygu, un ac un,
Ef yw'r arwr a'r eilun.

Â'i ben balch dros far y glwyd,
Deil ei lygaid mewn breuddwyd,
I syllu mewn perlewyg
Hwnt i'r ddôl a llethrau'r grug;
Deil ei drem ar ddyddiau pell,
Dydd y cribin a'r sgrafell,
Dydd y ffanffer a'r wobrwy,
Dyddiau ŷnt na ddychwel mwy.
Cofio'r wefr ar faes y sioe,
Cofio rhamant hen echdoe.

Ond heddiw yn nydd henaint
Sioeau'r fferm sy'n hawlio'i faint
I gynnal fflam hwsmonaeth
Eto'n dirf o drum i draeth,
A chynnal mewn cof eirias
Falchder yr hil yn ei dras.

Mae'r blodau'n cau'n y cyhûdd,
Haul hwyr yn crwydro'r meysydd,
Y dorf yn troi tua thre,
Troi o ramant y creigle,
A gadael Tom, yr hen gel,
Yn ei osgo benuchel
Wrtho'i hun wrth iet y clos
Yn ysblander y cyfnos.
A gwynt y waun yn gostwng
Ei law oer i gribo'i fwng.

Darn o rwysg hen oes a fu,
Darn o falchder hen deulu.

1995

Foel Cwm Cerwyn

Dwi ishe mynd lan i ben miny
    Pan fo'r owyr yn eitha clir,
Y gwynt yn whibanu'n fy nghlustie
    A'r houl yn cusanu'r tir.

Dwi ishe mynd lan i ben miny
    Pan fo'r gwenyn yn whare'n y gwrug,
Yr ithin yn pwngo o flode
    A'r llusie duon bach yn 'u plyg.

Dwi ishe mynd lan i ben miny
    Pan fo'r defed yn bwrw ŵyn
I weld y gwmede diniwed
    Sy'n pipo o'r cwtsh yn y brwyn.

Dwi ishe mynd lan i ben miny
    Pan fo bowyd yn grimp ac yn grach
Ga'l towlu'r hen fyd o'r ysgwydde
    I'w whalu'n yr awel iach.

1993

Nodiadau ar y Cerddi

LLYNNOEDD. *A glywaist ti'r wrach yn crechwen ym mol y ddaear:* enw ar bwll o ddŵr y môr islaw'r clogwyn ar lwybr arfordir Sir Benfro heb fod nepell o draeth Ceibwr yw Pwll y Wrach. Clywir sŵn y tonnau'n taro mewn ceudwll yn y ddaear.

yn taflu merch noethlymun ar allor o garreg: saif Carreg yr Allor ar lethr Garn Meini ar ochr ddwyreiniol y Preseli. Dywed llên gwerin yr ardal fod trigolion Oes y Cerrig yn arfer aberthu'r ferch harddaf a berthynai i'r llwyth ar y garreg hon i ddofi llid y duwiau paganaidd. *Marchogion Arthur yn chwyrnu o dan y fawnen:* enw ar gylch o gerrig wrth droed Garn Bica yw Bedd Arthur. Yn ôl un traddodiad y mae Arthur a'i farchogion yn cysgu mewn ogof yn y ddaear yn disgwyl yr alwad i waredu'r genedl o'i chyfyngder.

PORTH CLAIS. Enw ar hafan yn ymyl Tyddewi. Dywedir yn chwedl *Culhwch ac Olwen* fod y Twrch Trwyth wedi dod i dir ym Mhorth Clais gan anrheithio a difrodi rhannau o'r wlad. Awyrennau milwrol o faes awyr Breudeth yw'r *perchyll*.

SANT GOFAN. Saif Capel Sant Gofan ar lan y môr ynghanol maes tanio'r Weinyddiaeth Amddiffyn yng Nghastell Martin.

DINBYCH-Y-PYSGOD. *Ysgol Rhiw-las:* Cymreigiad o *Greenhill*. Sefydlwyd uned Gymraeg yn Ysgol y Babanod ac yn yr Ysgol Iau hefyd.

AR FFORDD Y PERERINION. Enw ar bentref bychan, chwe milltir i'r gogledd o Dyddewi, yw Mesur y Dorth. Yma, yn ôl un stori leol, yr oedd pererinion yr Oesoedd Canol yn cael eu cymun olaf cyn cyrraedd cysegrfan y sant.

SIR BENFRO. *y Seithwyr:* y saith gŵr yn chwedl *Branwen Ferch Llŷr* a ddihangodd o'r frwydr yn Iwerddon i dreulio pedwar ugain mlynedd dedwydd ar Ynys Gwales. *Rhydwilym:* eglwys hynaf yr Ymneilltuwyr yn ne-orllewin Cymru. Fe'i corffolwyd ynghanol cyfnod yr erlid yn 1668. Carcharwyd dau o'i gweinidogion a bu'r aelodau'n cynnal yr achos heb gapel i addoli ynddo am dros 30 mlynedd.

Y FOEL. Carcharwyd Waldo ddwywaith am iddo wrthod talu treth incwm fel protest yn erbyn gorfodaeth filwrol. Gorchmynnwyd y 'bwm' i fynd â'i holl eiddo o'i gartref hefyd.

AMDDIFFYNWRAIG. Dywed un traddodiad i Buddug (Boadicea) gyflawni hunanladdiad drwy gymryd gwenwyn wedi iddi golli'r dydd yn erbyn y Rhufeiniaid.

CENNAD. *y morynion noethlymun sy'n chwerthin yn nhonnau'r afon:* y stori ryfedd a geir gan Rhigyfarch yn *Buchedd Dewi* am Satrapa yn cymell ei llawforynion i ymdrochi'n noethlymun yn afon Alun er mwyn ennyn chwantau'r saint.

SGOLOR. *stablan:* anifail yn troi yn ei unfan ac yn taro'i draed ar y llawr am ysbaid o amser.

PENCERDD. *Penybenglog:* ffermdy ym mhlwyf Meline heb fod nepell o bentref Nanhyfer a lle enwog am ei groeso i'r beirdd. Diogelwyd corff o gywyddau, awdlau ac englynion mawl i'r noddwyr ym Mhenybenglog mewn llawysgrif a gedwir yn y Llyfrgell Genedlaethol. Honnid ar un adeg fod Dafydd ap Gwilym yn disgyn o gyff y teulu a drigai ym Mhenybenglog. Ond nid oes tystiolaeth bendant.

DIWYGIWR. *Llwyn-gwair:* cartre teulu'r Boweniaid gynt a fu'n hael eu lletygarwch i rai o bregethwyr y Diwygiad Methodistaidd yn y ddeunawfed ganrif. Dywedir mai yn Llwyn-gwair y cyfansoddodd Williams Pantycelyn yr emyn 'Dros y bryniau tywyll niwlog'. Erbyn heddiw y mae'r hen blasty wedi ei droi'n westy moethus a deniadol.

RHYFELWR. *yng nghwmni'r fam glwyfedig / sy'n cydio mewn potelaid o ddŵr hallt y Malfinas:* yn dilyn Rhyfel y Falklands (1982) trefnwyd i deuluoedd y bechgyn a gollodd eu bywydau ymweld ag ynysoedd y Malfinas ar gyfer y gwasanaeth coffa a dadorchuddio cofeb i'r milwyr a laddwyd. Plygodd un o'r mamau mewn cilfach ar lan y môr i godi potelaid o ddŵr yr heli a'i dwyn yn ôl yr holl ffordd o Dde'r Atlantig i'w chartref ym Mhenmorfa, Caerdydd. Dywedodd mewn datganiad yn y *Western Mail* (13 Ebrill 1983): *'My son is buried in the sea and this is the closest I can get to having him back. The water will be like his ashes to me. I feel close to my son now.'*

KENSINGTON. Plasty nodedig heb fod nepell o draeth San Ffraid yn ne Sir Benfro. Bu ar un adeg yn ysbyty i gleifion yn dioddef o glefyd Alzheimer.

GWREICHION. Ysgrifennwyd y delyneg hon ar ôl gwylio hofrennydd yn achub dau fachgen oddi ar arfordir Clarach a'u cludo i ddiogelwch ar lawnt Castell Aberystwyth ym mis Gorffennaf 1975.

TYRHYG ISAF. Enw ar fferm fynyddig yn ardal y Preseli lle treuliais flynyddoedd cynnar fy mhlentyndod cyn symud gyda 'Nhad a Mam i fferm gyfagos yn wyth oed.
straffaglan: gair Sir Benfro am 'ymdrechu'.

CERRIG MOWR STÔNHENJ. Cerrig gleision y Preseli sy'n ffurfio rhan o gylch mewnol Côr y Cewri ar Wastadedd Salisbury yn Lloegr.

BALED. Gosodwyd Cofeb Hywel Dda ym mur Neuadd y Dref, Hendygwyn ar Daf yn 1979. Symudwyd y garreg yn ddiweddarach i diriogaeth Y Gerddi.

TRIBANNAU'R BYD SYDD OHONI. *Rhys Gethin:* enw a ddefnyddid gan Feibion Glyndŵr yn ystod yr ymgyrch llosgi tai haf.

CWM-HIR. Adfeilion yr abaty lle claddwyd Llywelyn ap Gruffudd (Y Llyw Olaf) yn Sir Faesyfed.

EISTEDDFOD (IEUENCTID) MAENCLOCHOG. Saif Neuadd yr Eglwys (lle cynhelir yr Eisteddfod ar Ŵyl Banc Calan Mai) ar gyrion y pentref uwchlaw cwm corsiog a gweundir diffaith.

BUDDUGOLIAETH Y PRESELI. Bu'n rhaid i'r Swyddfa Ryfel roi'r gorau i'w bwriad i feddiannu 16,000 o erwau'r Preseli at ddibenion milwrol yn 1948 oherwydd gwrthwynebiad y bobl leol.

EMYN DATHLU. Emyn a luniwyd ar achlysur dathlu canmlwyddiant a hanner sefydlu'r achos yn Eglwys Annibynnol Seilo, Tufton.

PENTRE IFAN. Dywed yr hanesydd J. E. Lloyd mai cromlech Pentre Ifan yw'r berffeithiaf ym Mhrydain. Amcangyfrifir fod y garreg gapan yn pwyso oddeutu 17 o dunelli.

GLANIAD Y FFRANCOD. Glaniodd 1,400 o filwyr Ffrainc o dan arweiniad William Tate yng nghilfach Carreg Wastad ar 22 Chwefror 1797. Drwgweithredwyr wedi eu rhyddhau o garchardai'r wlad ar gyfer y 'goncwest' oedd y mwyafrif ohonynt ac aethant ati yn ddiymdroi i anrheithio cartrefi'r ardal. Nid oedd prinder cwrw yn ffermdai a thyddynnod Pen-caer a chafodd nifer o'r rhyfelwyr eu hunain yn feddw chwil.

Yn ôl yr hanes aeth un o'r milwyr i ysbeilio ffermdy Brist-garn. Tybiai fod rhywun yn cuddio y tu mewn i'r hen gloc wyth niwrnod a thaniodd ei fwsged ato. Mae'r cloc yn cadw amser ym Mrist-garn o hyd a thwll y fwled i'w weld yn amlwg ar ei frest.

Dywed llên gwerin yr ardal fod gwraig o'r enw Jemeima Nicholas wedi casglu nifer o ferched Pen-caer at ei gilydd i ffurfio byddin. Gwisgasant siolau cochion a hetiau uchel a chymryd picffyrch yn arfau. Llwyddasant i ddychryn rhai o'r goresgynwyr a chipio eraill i'r ddalfa.

Ildiodd y Ffrancod ymhen deuddydd a chedwir y bwrdd y dywedir i'r cytundeb heddwch gael ei arwyddo arno yn nhafarn y *Royal Oak* ar sgwâr Abergwaun.

FFRED. Ysgrifennwyd y gerdd hon pan ddringodd Ffred Ffransis i ben y trosglwyddydd ym Mhentregalar fel rhan o ymgyrch Cymdeithas yr Iaith dros sianel deledu Gymraeg.

CEIDWAID Y BRYNIAU. Gweler y nodyn ar 'Buddugoliaeth y Preseli'. Waldo Williams, Parri Roberts a Joseph James yw'r 'drindod'. Dyma'r adeg yr ysgrifennodd Waldo ei gerdd 'Preseli' a bu'r ddau arall yn amlwg yn y frwydr i amddiffyn y fro.

'NHAD. Bu farw ar fore hyfryd o wanwyn 1983.

TYDDEWI. *eryr balch:* gorsaf Llu Awyr y Llynges Americanaidd ym Mreudeth.

CASTELL MARTIN. *Mae milwyr prentisaidd yn Almaenio'r arfordir:* catrawd o filwyr-tanciau o'r Almaen a elwir yn *Panzers* sy'n ymarfer yn rheolaidd ar y maes tanio.
Plentyn maeth ein Llydaw anghofiedig: Harri'r Seithfed. Ganed ef yng Nghastell Penfro a chafodd ei fagu yn Llydaw gan ei ewythr Jasper.

EFAIL-WEN. *Bendigeidfran y bryniau:* Thomas Rees, Carnabwth, ym mhlwyf Mynachlog-ddu. Ef oedd arweinydd y fintai a chwalodd dollborth Efail-wen ar ddechrau Terfysgoedd Beca. Yr oedd Twm Carnabwth, fel yr adwaenid ef yn lleol, yn gawr o ddyn o ran maintioli ei gorff. Dywedir hefyd iddo golli un llygad wrth ymladd mewn gornest tŷ tafarn a threulio gweddill ei oes yn ŵr unllygeidiog. Gwelir, felly, ei fod yn meddu ar rai o brif nodweddion Bendigeidfran y *Mabinogi.*

PENTRE IFAN. Bu llwyth crwydrol yn byw yn ffermdy Pentre Ifan am gyfnod cyn i'r lle gael ei brynu gan Gwmni Urdd Gobaith Cymru a'i droi'n ganolfan addysgol.

DUNBLANE. Daeth llofrudd i Ysgol Gynradd *Dunblane* yn yr Alban ar fore o Fawrth 1996 a saethu un ar bymtheg o blant a'u hathrawes yn farw.